U0154460

跨世代的政策解方：
房價、薪資、稅制、人口、氣候

黃榮源、彭錦鵬、李俊達——主編

黃耀輝、彭建文、張家春、楊文山

陳端容、顧　洋、蔣本基——著

五南圖書出版公司 印行

序

　　台灣公共行政與公共事務系所聯合會（Taiwan Association for Schools of Public Administration and Affairs, TASPAA）自 2003 年 6 月 23 日成立迄今，已逾 19 個年頭。從最初 25 個大學相關系所的組成，到今天已達 36 個系所會員，是台灣公共行政及管理領域涵蓋最廣的組織。多年來，積極推動各項學術研究、教學方法開發、課程準則設計、跨校系所合作、網路平台建置及各種獎勵事務，對於台灣公共行政學界之交流和合作產生了積極正面的催化效果。每年定期舉辦的 TASPAA 年會暨學術研討會，已成為台灣最大的學術盛會之一。

　　2022 年 1 月，誠惶誠恐地接任第 17 屆會長一職，賡續傳統，籌辦 2022 年會，以「邁向 2030：永續公共治理的發展與實踐」為題，舉辦國際學術研討會，探討政府對於聯合國 2030 年永續發展目標（Sustainable Development Goals, SDGs）的政策作為，也重新定位政府與公民社會之間的治理夥伴關係。公行人常懷經國濟世職志，希望能文以載道，以學術引領實務。然而，「研究與實務脫節」之嘆，時有聽聞。遂提出籌編本書「跨時代的政策解方」之議，希望發揮本會成為台灣產官學研政策交流平台之角色，並成為 TASPAA 定期、例行的任務。此提議立即獲得彭錦鵬、詹中原、陳金貴等公行界前輩支持，也得到諸多學術夥伴的熱烈響應。2022 年 5 月，經 TASPAA 理監事會議同意，成立「政策與治理委員會」，正式推動相關的調研和出版工作。

　　歷時 8 個月密集的籌備和執行工作，幸得彭錦鵬榮譽會長全力投入，楊淳淳小姐贊助經費，也感謝臺北市立大學李俊達教授義務承擔規劃、協調和聯繫的工作。首先，於 2022 年 5 月 18 日，假臺灣大學社會科學院辦理「TASPAA 重大政策問題座談會」，計有簡又新、尹啓銘、杜震華、盛治仁等各領域專家與會，透過議題的「重要性」及「急迫性」排序，歸納出 14 項台灣當前所面臨的關鍵政策議題。再於 5 月 26 日

TASPAA 理監事會議中提出報告後，郵寄給本會各會員系所全體教師勾選問卷，決定排序。透過科學和多元方式，篩選出重大政策議題。第二階段，召開各政策議題討論會議，推薦每項政策分析最佳主筆人選，以蒐整多方意見與可信數據，聚焦政策的解決方案。在 9 月 2 日召開主筆共識會議後，於 9 月 25 日展開「世界咖啡館」會議，每一主題邀請 4 至 7 位領域專家學者參與研討；同日下午，舉行「圓桌會議」，綜整世界咖啡館會議所獲結論，於會議上提出報告。

上述「世界咖啡館」與「圓桌會議」，由蔣本基、顧洋、彭建文、張家春、黃耀輝、楊文山及陳端容等主導及 33 位專家共同投入，貢獻各自領域的專業。最後，彙整成果，並訂名為「跨世代的政策解方：房價、薪資、稅制、人口、氣候」，正式出版。內容包括稅制與貧富差距、居住正義、青年低薪及分配、幼托與婚育、老人健康與長照、淨零排放和永續、氣候變遷與調適等政策問題與解方。特別要感謝五南圖書公司襄助編輯，尤其是劉靜芬副總編輯在過程中的專業意見，讓本書得以順利問世。

在此瞬息萬變的環境中，公共行政學界必須從「整合」和「深耕」兩個途徑來調整自己的腳步。前者在推進學術理論與實務個案的結合；後者則是要扎根社會、走入基層！TASPAA 推出「跨世代的政策解方」專書只是一個起點，期待能匯集更多的資源和力量，尋找民眾安身立命的方法和指南，共同為建立更有韌性、前瞻、永續發展的台灣盡一份心力。

台灣公共行政與公共事務系所聯合會會長　黃榮源

2022.12.11

前言

二次大戰之後，中華民國在台灣的建設，成果驚人。以世界銀行2021年各國購買力平價計算的國民所得，台灣排名第11名。而就人口1,000萬以上的國家來看，在台灣之前，只有美國（第5名）和澳大利亞（第9名）。再進一步根據各種國際調查評比數據，台灣的各項國政表現都非常傑出。比較明顯的內部劣勢，則是總生育率和出生率低落。

有關國家建設的各方面，一直都有政府各部會主管規劃和制訂政策，而政策的規劃往往有賴學術界的研析和建議。面對全球化和資訊科技高速發展，以及高度複雜的公共治理環境，即便是長期投入政府政策規劃的學者，也可能囿於術業有專攻，不易針對公共治理的各面向，了解其不同政策之間的邏輯關係和系統性問題。因此，本書最重要的目的是，探討我國在目前的建設基礎上，到底存在哪些重大的、迫切的政策議題？這些政策議題的問題癥結點在哪裡？以及這些政策的解方有哪些？

需要說明的是，對於中華民國而言，最重大的政策議題，當然是兩岸關係、外交和國防問題。然而，這3個政策議題牽涉到的政治層面複雜，相關的經濟、社會、國際關係，是相互牽引的，需要另著專書加以討論。因此，為更聚焦於跨政策議題、跨世代的政策領域時，我們就暫緩討論這3項政策，希望成為未來接續討論的議題。

本書所討論的重大政策議題，也不涵蓋單一的政策議題。例如，勞保基金面臨破產問題，基本上屬於單一部會所管轄。同時，勞保問題雖然嚴重，但是基於保險概念風險分攤的基本原則，改變勞保的收入和支出架構，問題應可迎刃而解。

在策劃本書之前，編者群長期關注各項提高國家競爭力的研究。針對我國的重大公共治理議題，曾經畫出台灣關鍵議題的魚骨圖，如附圖1。但是，各項關鍵議題彼此之間存在何種因果關係？究竟哪些議題應該優先處理？其迫切性和重要性的關係為何？則需要系統性的思考和尋求共識。

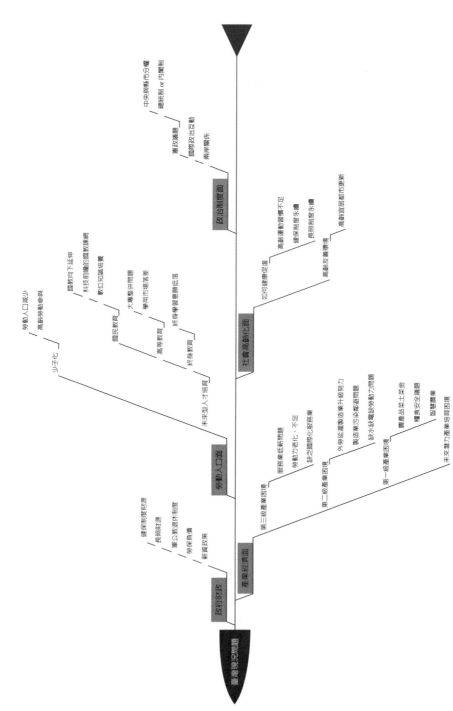

附圖 1　台灣關鍵議題魚骨圖

　　2022 年 5 月，台灣公共行政公共事務系所聯合會的「政策與治理委員會」，就這些關鍵議題進行專家座談。詳細討論後，得到初步的關鍵議題的優先性清單，如附圖 2 所示。接著請台灣公共行政各大學系所教授，針對這些關鍵議題進行專家評估調查。調查結果依序為：老人健康與長照（99.0%）、少子化（94.1%）、高房價與青年住宅（83.2%）、稅制與貧富差距（79.2%）、淨零排放（78.2%）、幼托與婚育（76.2%）、氣候變遷下的基礎建設調適（75.2%）、青年低薪（73.3%）。

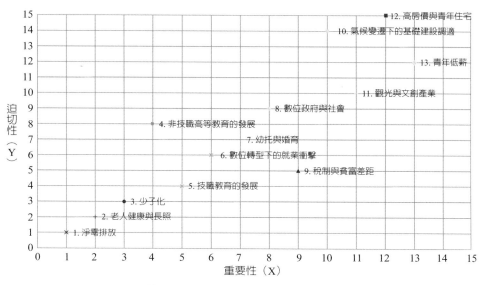

附圖 2　政策議題重要性與急迫性

　　根據系所聯合會各會員系所教授的回覆意見，政策與治理委員會再進行接洽，組成本書的執筆團隊。為求本書各章節能夠周延關注相關議題的連結性，在蔣本基教授的建議下，政策與治理委員會在 9 月 25 日舉辦一整天的研討會，以世界咖啡館與圓桌會議的方式，反覆討論各關鍵議題的內容和政策解方。撰寫期間並接續進行有關題目、格式、內

容、出版的各種討論。

本書第一章探討稅制與貧富差距，主要在說明稅制應該量出為入，對於稅制和貧富差距，追求「務實的公平」。本章針對稅制改革提出以下的政策建議：稅制改革首重提高租稅負擔率、所得稅方面讓小者做大、消費稅重於降低累退性、財產稅應落實居住正義、遺產稅要有國際化格局與視野。

對年輕人而言，結婚生育面臨的最大考驗就是房價高漲。本書第二章探討高房價和青年住宅。過去 30 年來，台灣經濟不斷成長，但是年輕人的所得嚴重停滯不前。稅制分配不均，而房價不斷呈現倍數成長。本章用關鍵的圖表，分析高房價的各項政策議題，以及針對青年住屋需求而推出的各項政策。本章提出的政策建議包括兩大面向：第一，健全住宅市場以減少不動產投資誘因和投機炒作。細部內容是，增加多元投資工具、減少住宅過度投資、檢討不動產稅相關稅制以減少住宅投資誘因、政府土地標售制度應避免帶動地價上漲、更嚴格規範住宅預售制度，減少交易糾紛。第二，掌握不同族群住宅需求，以正確評估所需資源數量與補助方式。具體建議包括：更精準掌握青年人住宅需求、掌握不同政策工具優缺點，以配套互補方式解決青年人居住問題。

本書第三章提出青年低薪問題的對策，有序養成就業能力、合理薪資報酬分配。在 OECD 國家，青年失業率從 1990 年代開始就不斷提高，2020 年已經高達 17.89%。甚至，就業中的青年也處在不安全、不穩定的就業狀態。本章的政策建議包括：增加產值對勞動分配的份額、弭平教育學用落差、建立符合未來工作的國家職務工作典章及工作資歷證照制度、建立銜接國際的資歷認證及證照制度、增修集體勞動法以建置各級勞資協商機制、檢討現有社會保障制度以形成符合青年職涯的規劃和職能提升。

第四章從婚育與幼托談起，探討台灣女性生與不生的抉擇。台灣面臨嚴重的少子化危機，而少子化危機影響社會的運作、勞動力與稅收。

當一個國家的稅收與退休制度規劃過度仰賴薪資所得稅和「世代扶養」時，勞動人口的快速減少，便會產生嚴重的負面效果。亦即，勞動人口總數遞減，將無法確保退休保險制度的運行，並對社會發展產生嚴重問題。本章提出的政策建議包括：協助青年成家、普及公共托育、建立高齡友善環境。為達到這三大目標，本章提出 6 項推動措施以及 19 項具體做法。

全球各國人口高齡化是普遍的現象，到 2030 年時，全球將有 51 個國家地區的 65 歲高齡人口比率超過 20%，成為超高齡社會。而台灣更將在 2025 年就達到這個水準。如何使人人都有機會「老得慢、病得晚、生命有意義」，是超高齡社會發展的目標。本書第五章提出的政策建議涵蓋 3 個基本理念：健康安全、尊嚴自主、新高齡教育。同時，包括 4 個政策目標：增進高齡者健康與保障自主、提升高齡者非親屬的社會連結、建構多元形式的高齡友善安全環境，以及反年齡歧視的新高齡教育。

20 世紀以來，地球表面平均大氣溫度顯著升高，人類活動極有可能導致全球氣候災難。近年來，國際間已經形成共識，至今已有 100 多個國家宣布碳排放淨零時程，透過立法、或發表政策文件，促其實現。我國雖非聯合國會員國，但國發會已經規劃「臺灣 2050 淨零排放路徑及策略」。本書第六章指出，淨零策略涵蓋廣泛，包括技術與管理部分。同時，包括政府、各行業、公司、非營利組織等跨層級的政策思維。許多社會典範，包括治理、科技、法律、人權的運作界限，都會被挑戰或改變，為此也需要跳脫過去的思考框架。針對 2050 年前達到淨零碳排放的目標，提出各項建議。包括：溫室氣體減量目標、溫室氣體查核機制、氣候金融機制、氣候相關科技機制。

全球氣候變遷所產生的氣候暖化危機，包括海洋累積的熱含量不斷升高、高山冰川正在快速縮減、南北極圈海冰的面積持續降低，以及全球海平面昇幅不斷提高。為因應氣候變遷所帶來的各種負面效應，本

書第七章建議政府政策必須從基礎建設的各面向，提出具體措施加以因應。政策作為包括：供水及水利系統必須強化供需調適能力、系統性評估和提升制度韌性、推動供水及水利系統的應變與復原能力、建構永續安全的供水系統。在通訊系統方面，要強化行動通訊的預警調適、提升通信的監測技術、開發防救災智慧通訊技術、及推動智慧通訊系統。交通系統方面要提升衝擊的耐受力、精進災防預警應變能力、增進整體調適力、提高工程回復力。能源供給系統則需強化調適能源管理機制、建立多元自主低碳永續能源供應系統、建構安全穩定的企業與住商能源、電力供應系統。加強產業調適技術輔導及人才培育。

CONTENT 目錄

Chapter 1

窮者越窮，富者越富？
錯誤的稅制拉大貧富差距

黃耀輝

一、前言

（一）政府的職能：兼顧效率與公平

　　福利經濟學的第一基本定理，指出在一定的條件下，完全競爭的市場就像一隻看不見的手，讓經濟運轉有序，能夠實現經濟效率。如果市場為不完全競爭，例如獨占、寡占，則消費者權益容易受損；或是在有外部性（例如環境污染）、公共財（例如國防、治安）、資訊不對稱（例如老人、幼兒容易生病，卻買不到醫療健康保險）等情形下，即使完全競爭的市場也不能實現效率。此時發生「市場失靈」的問題，就需要「政府」來矯正或補救。

　　除了經濟效率之外，如果社會上的所得、財富分配不均，會妨礙社會流動性，社會無法和諧、安定，市場本身也無法解決貧富差距的「不公平」問題。幸好，福利經濟學的第二基本定理，告訴我們一個好消息，那就是政府「透過適當的所得重分配政策，可以在不減損效率的情況下，實現社會福利最大」。也就是，即使沒有市場失靈，仍需要政府介入，用重分配的手段或工具，以縮小財富、所得的差距，用有效率的方式解決公平問題。

　　因此，政府的職能其實不多。基本上應尊重市場機制，讓市場發揮競爭的效益，可以提升消費者的權益和福祉。只有在市場失靈，政府才

需要矯正「低效率」的現象，從事「五大職能」，包括促進市場競爭、提供公共財、矯正負的外部性（如空氣污染、水源污染等）或獎勵正的外部性（如疫苗接種、鼓勵研究與發展等）、解決資訊不對稱（提供社會保險）、進行財富或所得重分配等等。

（二）監督政府兩件事：「做對的事」及「把事做對」

人民則要監督政府兩件事：一是政府「是否做了該做的事」（Do the right things），也就是僅限於外部性、公共財、不完全競爭、資訊不對稱及所得重分配這五大範圍，因此小而能的政府才是對的政府。反之，如果政府的所作所為超過這五大範圍，就表示比政府更有效率的市場機制，反而被政府干擾或破壞了。此時妨礙市場機制的政府，就是大而無當的政府。

對應上述政府應該做的五大範圍（矯正市場失靈），政府需要花費各種公共支出，就必須向人民收取對應的財源。基於「量出為入」，於是就產生了稅、費、捐（廣義的租稅）。因此，如果政府的職能超過應盡的效率與公平範圍，就代表政府規模太大，也就是人民的「租稅負擔」加重了。

其次，人民還要監督政府是否「有把事情做好」（Do the things right）。畢竟政府仍是官員、公務員所組成，可能會違法或作為不當，造成貪污、浪費、低效能的情形，也就會發生「政府失靈」。人民應透過民主的各種手段，包括行使投票權、訂定課責機制、相關政府之間相互制衡或約束政府貪污、浪費或績效不彰等情事。

（三）廣義的租稅：「量出為入」的稅、費、捐

廣義的租稅，包括稅、費、捐。國內關於稅、費、捐的區分，主要是將財政機關徵收的稱為「稅」，例如國稅局徵收的國稅，包括所得稅、營業稅、關稅、貨物稅、菸酒稅、遺產稅、贈與稅、證券交易稅等

等，大部分都是「統收統支」，進入國庫後再統籌運用，亦即收稅時通常不指定用途。

　　而非財政機關收取的為「費」。例如衛福部全民健保收取的「健保保費」、勞動部針對勞保徵收的保費，專門支用於健保、勞保等支出。交通部為收取興建、維修道路的財源，對車輛徵收的汽車燃料使用費、高速公路對用路人收取的高速公路通行費、環保署依據污染者付費原則收取的空氣污染防制費（空污費）、土壤及地下水污染整治費（土污費）等等。大部分的「費」都是指定用途，由徵收的非財政機關支用於主管的用途。

　　為特定用途暫時性收取的稱為「捐」，因此也是專款專用，有其指定用途。例如過去興辦國中義務教育，隨房屋稅附加徵收的教育捐，當政府財政狀況改善後就廢止。但 2002 年針對菸品課徵的「健康福利捐」（簡稱菸捐），依照「菸害防制法」之規定，用於全民健保準備、中央與地方之菸害防制、社會福利、私劣菸品查緝等，實施已 20 年，屬非「臨時」性的政府收入。

　　無論名稱為稅，或費、捐，基本上都是人民使用政府提供的五大職能，必須支付的相對代價。依據「量出為入」原則，也就是根據政府該五項職能需要花費的「支出」，來決定收取稅、費、捐等「收入」。但是花費的支出無法精確估算，各項稅費捐收入也和納稅人（廠商、家庭）的經濟表現有關，事前難以掌握，實際上都是儘量在年度平衡的原則下，編列歲收、歲入預算。

　　政府收取稅費捐，都是取之於民，用之於民。因此政府如果規模太大，即需要花費龐大的支出，則代表民眾的稅費捐負擔超過合理範圍，此種政府即屬大而無當。反之，如果政府只做該做的事，應為小而能，則公共支出占 GDP 的比重不會太高，人民的稅費捐負擔也就合理而不沉重。因此，如果租稅負擔率偏低，則不應苛求政府無事不與，反之，如果重視社會福利，例如北歐國家的政府對於人民「從搖籃到墳墓」都

要照顧，就應當有稅費負擔沉重的心理準備。

（四）租稅與與貧富差距：追求「務實的公平」

　　稅、費、捐等政府收入，是供五項職能所用。因此，主要還是將政府收入的一部分用於所得重分配，以縮小貧富差距。費、捐主要是專款專用並指定用途，因此通常是依據「使用（受益）者付費」、「污染者付費」原則收取。污染、使用、受益越多，則繳納越多的費，徵收上大多採單一比例的費率。在徵收上則不考慮使用者、受益者、污染者的所得或財富狀況，因此在費率上不太考慮「所得重分配」功能的達成。

　　但租稅的徵收方式，因為大多定性為統收統支，不指定用途。亦即無法掌握各種租稅最後支用於政府的何種公共支出上，一般都會將「所得重分配」功能列為稅率設計的重要考量因素。稅制的設計應儘量力求「量能課稅」，對所得、財富、消費等能力較高者，課以漸次遞增的稅率，也就是儘量以「累進方式」徵收，才能符合「垂直公平」。特別是所得稅（包括土地增值稅）、遺產稅、贈與稅、不動產持有稅、使用牌照（動產持有）稅、奢侈品的消費，課以高度累進的稅率。因此，大部分的租稅本身就極具「所得重分配」功能。

　　只有少數的租稅，例如印花稅、菸酒稅、貨物稅等，因為特殊政策目的，包括維護國民健康（用以價制量的方式抑制抽菸、喝酒、含糖飲料的消費）、節約能源、環境保護等目標，用比例稅率方式徵收。

　　政府要扮演所得重分配功能，除了租稅以累進稅率來實現外，就是將租稅收入投入國庫，再透過移轉性支付，對經濟、財富、所得弱勢者提供「社會救助」。政府在收、支兩方面都對所得、財富進行「重分配」，即由經濟優勢者繳納較多的租稅，用於救助、補貼經濟弱勢者，補充其偏低的所得，進而滿足最基本的消費。

　　但是，租稅在徵收上的累進程度設計，追求了公平，若非「適當的重分配」，也就是改變了相對價格，仍可能會妨害經濟效率。例如，

有名的「拉佛曲線」理論指出，租稅負擔若是過重，可能打擊工作、儲蓄、投資誘因，導致稅基萎縮。或是促使經濟優勢者尋求不當手段規避或逃漏租稅，反而使稅收不增反減，則可能租稅在表面上雖有改善所得分配的形式，卻無法提供扶弱救貧的足夠實質財源。又如我國屬於小型開放的經濟體系，由於資本的流動性高過於勞動和其他生產要素，對代表經濟優勢的資本主課以重稅，可能使得資本外逃或是藏富於海外。亦即可能顧了公平，卻失去了效率，使稅收無法充分徵收，從而缺乏足夠財源於改善所得分配的移轉性支付。

因此，進行「稅制與貧富差距」的實是分析之前，應注意經濟體系的開放或封閉程度，納稅人的經社特性、政治的敏感度、國際趨勢。著重於公平與效率目標之間的衡平，或許追求「務實的公平」，可能比較適合台灣的特殊處境，也才能讓稅制發揮改善所得分配的最大功效。

二、國內現況分析

（一）租稅負擔率：我國約為 13% 上下，尚屬較低

政府收入水準的高低，關係到能否支應五大職能的需求。太高，則人民負擔重；太低，則政府無足夠財源矯正市場失靈，更不用說縮小貧富差距。因此，必須用客觀的「租稅負擔率」進行國際比較，才知道政府規模的相對大小。

租稅負擔率，一般都是用「全國租稅收入」占「全國國內生產毛額」（GDP）的比率來衡量。財政部的賦稅統計顯示，1990 年我國租稅負擔率曾接近 20%，後來逐年下滑至 2003 年的 11.5%。2008 年租稅負擔率上升為 13.4%，隨後受國際金融海嘯影響而低於 12%。2011～2019 年復回升至 12.2%～13.1% 的範圍，2020 年因 COVID-19 疫情影響又下降為 12.1%，2021 年已回升至 13.2%。由此可見，我國租稅負擔率近 10 年來大致在 12%～13% 區間徘徊。

如果與國際比較，以 2020 年爲例（不含社會安全捐），我國租稅負擔率爲 12.1%，與新加坡 12.0% 相當。但比主要國家如美國 19.2%、韓國 20.1%、德國 23.1%、英國 25.9%、法國 30.6% 較低。

由於外國大多將社會保險的保費或社會安全捐，及政府收取的費、捐都列爲「租稅」，因此也可以用租稅（含社會安全捐）進行國際比較。我國含社會安全捐之租稅負擔率由 2006 年 17.8% 上升至 2008 年 18.6%，後因金融海嘯影響，負擔率降至 2010 年 17.0% 之近年低點，2016 年達近年最高點 19.9%，2017 年回降爲 19.3%，長期而言，廣義的租稅負擔率大致在 18%～19% 之間。相較於社會福利制度較完善的歐洲國家，如法國、德國、丹麥大多在 4 成或更高，美國、加拿大、日本、韓國皆約 3 成，我國廣義的租稅負擔率仍屬偏低，與新加坡相當。

（二）1980～2019 年貧富差距及政策的重分配效果

1. 貧富差距長期惡化

表 1-1 是主計總處「家庭收支調查」的貧富差距時間序列資料。長期而言，我國的貧富差距是逐年惡化，所得分配越來越不均。就五等分位所得差距倍數而言，在「未計算政府移轉收支前」，1980 年只有 4.3 倍，1988 年超過 5 倍，1996 年超過 6 倍，2001 年超過 7 倍，2009 年因爲美國引發的金融海嘯而高達 8.22 倍，之後就維持在 7 倍以上。2019 年又惡化，2021 年又增至 7.63 倍，已經逼近 9 年前的倍數。

2. 租稅的重分配效果小於社會福利

再就政府的政策效果而言，在 1986 年（含）之前，租稅改善所得分配的效果大於社會福利方面的移轉支付。1987 年起，社會福利的所得重分配效果就超過租稅，而且租稅的貢獻都微不足道，近年都維持在 0.14 倍的低水準。換言之，近年來是社會福利的政策效果才能讓貧富差距的實際倍數降低到 7 倍以下。

　　值得注意的是，社會福利改善所得分配的效果在 2009 年達到 1.75
倍之後，又開始減弱。近年來更降至僅約 1 倍，以致於近 9 年來的實際
的所得差距倍數又逐年惡化。

　　綜合而言，過去 40 年期間，台灣的貧富差距正在不斷擴大，富人
所得成長的速度遠超過窮人。而政府的租稅政策對於縮小貧富差距的效
果長期微弱，主要還是社會福利的移轉性支付較有改善效果，但效果也
在減弱之中。

表 1-1　政府租稅及社會福利對所得分配之影響

年度	五等分位所得差距倍數	政策效果後之所得差距倍數-實際	社會福利改善效果	租稅之改善效果	移轉收支之改善效果-合計
1980	4.30	4.17	0.04	0.09	0.13
1985	4.64	4.50	0.04	0.09	0.14
1990	5.53	5.18	0.23	0.12	0.34
1995	5.93	5.34	0.50	0.09	0.59
2000	6.57	5.55	0.88	0.14	1.02
2005	7.45	6.04	1.26	0.15	1.41
2009	8.22	6.34	1.75	0.13	1.88
2010	7.72	6.19	1.42	0.11	1.53
2015	7.33	6.06	1.14	0.14	1.28
2020	7.43	6.13	1.16	0.14	1.30
2021	7.63	6.15	1.34	0.14	1.48

資料來源：主計總處，家庭收支調查。

　　Cornia 等學者（2011）整理各國租稅制度及移轉性支付政策對改善
所得分配的效果，發現各國政府的整體重分配政策均使吉尼係數下降。
大部分國家的租稅與移轉性支付政策均能同時縮減所得分配不平等，但
瑞士、土耳其、哥倫比亞 3 國的整體稅制是累退的。各國移轉性支付的

重分配效果，都比稅制的重分配效果大，跟我國近年社福支出的重分配效果大於租稅的情形一致。

（二）稅制與貧富差距

1. 所得稅、財產稅有重分配意義，消費稅難免累退

稅制主要可分為三大類，即所得稅（包括土地增值稅）、財產稅和消費稅（或銷售稅）。

所得稅制中的綜合所得稅（簡稱綜所稅），目前累進的稅率結構為 5%、12%、20%、30%、40% 五個級距，具有量能課稅，改善所得重分配的性質。但因為有些高所得者，享受各項租稅減免，2006 年起實施「最低稅負制」（所得基本稅額條例），將特定保險給付、部分有價證券交易所得、海外所得、非現金捐贈等納入綜所稅課徵範圍。營利事業所得稅（簡稱營所稅）的稅率為 20%，與個人所得相關的為獲配的股利或盈餘所得。

財產稅制主要有不動產（房屋、土地）持有的房屋稅、地價稅，以及動產的使用牌照稅。地價稅除了基本稅率為 1%，事業用地也是 1%，自用住宅用地按 0.2% 計徵之外，其他土地按超過累進起點地價採特殊的「倍數累進」方式課徵，而非「金額累進」。因此是否符合真正的量能課稅精神，有些爭議。稅基為公告地價，每 2 年重新規定地價 1 次，一般都在市價的 20% 以下，嚴重偏低而違反垂直公平，亦即地價稅對高價的土地比較有利。

房屋稅則依住家用房屋、非住家用房屋，按依房屋現值課以比例稅率。住家用房屋，如供自住或公益出租人出租使用者，稅率為 1.2%；「其他」供住家用者，由各地方政府得視所有權人持有房屋戶數訂定差別稅率（1.5%～3.6%），即為「囤房稅」。雖然分類訂定不同的比例稅率，但因為稅基（房屋現值）通常都不到實際造價的三成，房屋稅實

際累進的程度不高，甚至有垂直不公的問題。

　　遺產稅及贈與稅，主要是對於繼承的遺產和自然人的贈與，課以累進的稅率（10%、15%、20%），具有所得或財富重分配的意義。但因為遺產稅免稅額高達 1,333 萬元（2022 年），贈與稅免稅額為每年 244 萬元（2022 年），還有諸多扣除額。而遺產淨額 5,000 萬元以下者，贈與淨額 2,500 萬元以下者，課徵 10%，實際繳納遺贈稅的仍屬少數，稅額有限，重分配效果不大。

　　至於消費稅或銷售稅，主要為關稅、貨物稅、營業稅及俗稱的「奢侈稅」（特種貨物及勞務稅條例），大多為單一稅率，稅制本身沒有重分配的性質。實際上，因為低所得家庭的消費占所得比重，比高所得家庭高，因此理論上認為消費稅反而具有「累退效果」，對重分配有負面的影響。

2. 實證研究：所得稅累進，消費稅累退，整體稅制輕微累進

　　以下，即針對過去相關實證研究，按所得稅、財產稅、消費稅，彙整並分析各稅制的重分配效果。

　　徐偉初等（1989）的研究發現，稅制對所得分配之影響，主要決定於各稅之比重及個別累進和累退程度。觀察期間內，所得稅的累進程度下降，但所得稅占整體稅收比重上升；而消費稅則在比重和累退程度都下降。累進的所得稅與累退的消費稅相互抵銷，使得整體稅負呈現比例稅制的特性。葉金標（1995）的研究也有類似的發現，1987 年以後的租稅累進程度提高，主因是累退的消費稅比重逐年下降，而累進的所得稅比重逐年上升。

　　李駿謙（2004）分析台灣 1998～2002 年的所得分配越來越不公平，但綜所稅與營所稅具有累進的性質，垂直效果是造成重分配效果的主要因素，但整體的重分配效果並不大。

　　游秉睿（2010）發現 2001～2007 年間，所得稅和財產稅有改善所

得分配的作用，消費稅則惡化所得分配。

　　徐偉初、楊子菡、蘇漢邦（2012）研究，發現2001～2011年累進程度最高的分別為證交稅、綜所稅、營所稅、契稅及土地增值稅。綜所稅的累進程度、重分配效果比營所稅高，兩者的累進程度雖然都上升，但由於稅收的所得彈性偏低，而降低了重分配效果。累退性最高的是菸酒稅，而且有效稅率不低；關稅、營業稅、貨物稅及其他稅捐的課徵均不利於所得分配，廣基營業稅的累退程度並未低於貨物稅。

　　將各種稅目歸類成所得稅、財產稅、消費稅，各年度的有效稅率大致維持穩定。所得稅全程累進，財產稅自中等分位家庭起呈現累進，消費稅則為累退，結果是整體稅制有輕微的累進性。

　　台灣偏低的國民租稅負擔率，削弱了租稅的重分配功能，而所得稅的重分配功能最為顯著。因此建議，提高賦稅比例能提升租稅的重分配功能，實為當務之急。提高營業稅取代貨物稅，並不一定能改善租稅的分配功能。

3. 綜合所得稅統計分析：重分配效果逐年弱化

　　由表1-2可知，以五分位計算最高20%申報戶的稅前所得／最低20%的稅前所得倍數，稅前所得的分配是逐年惡化。由2011年的13倍，增加到2020年的約30倍。十年之間所得差距就增大一倍以上，也和表1-1主計總處資料所顯示的惡化趨勢相符，富人的所得成長率遠超過窮人。

表 1-2　綜所稅的所得重分配效果（五分位）

年度	稅前所得總額（＋分離股利）五分位倍數	稅後所得五分位倍數	綜所稅改善效果	稅前所得比前一年度改善	稅後所得比前一年度改善
2020	29.9	27.1	2.8	-0.4	-0.4
2019	29.5	26.7	2.8	-15.7	-14
2018	13.8	12.7	1.1	-0.4	-0.5
2017	13.4	12.2	1.2	-0.1	-0.1
2016	13.3	12.1	1.2	0.0	-0.1
2015	13.3	12	1.3	0.8	0.6
2014	14.1	12.6	1.5	-1	-0.7
2013	13.1	11.9	1.2	-0.4	-0.5
2012	12.7	11.4	1.3	0.7	0.7
2011	13.4	12.1	1.3		

資料來源：財政部財政資訊中心，歷年綜合所得稅申報初步核定統計專冊，作者整理計算而得。

　　稅後所得的差距雖然縮小，但改善很有限，平均一年只縮小所得差距 1.7 倍而已。顯示綜所稅雖有重分配的效果，但不明顯。長期來看，稅後所得的差距仍然在惡化。最主要的原因是，2018 年起高所得者可以將股利所得適用 28% 稅率的分離課稅，以致於稅後所得的差距從 2018 年的 12.7 倍，暴增爲 2019 年的 26.7 倍，2020 年的差距仍然繼續擴大。

　　表 1-3 顯示，以廿分位計算的所得差距也是逐年惡化。稅前所得的差距倍數，從 2006 年的 58.2 倍逐年增加，2014 年破 100 倍，2019 年股利所得稅新制實施，企業大幅增加股利發放，使稅前所得的差距暴增至 610 倍，2020 年更升至 728 倍。

表 1-3　綜所稅的所得重分配效果（廿分位）

年度	稅前所得總額（＋分離股利）	稅後所得	課稅改善效果	稅前所得比前一年度改善	稅後所得比前一年度改善
	廿分位倍數	廿分位倍數			
2020	728	617	111	-118	-100
2019	610	517	93	-488	-412
2018	122	105	17	-10	-11.1
2017	112	93.9	18.1	-8	-6.1
2016	104	87.8	16.2	-4	-3.8
2015	100	84	16	12	6.9
2014	112	90.9	21.1	-14	-8.2
2013	98	82.7	15.3	-14	-12.3
2012	84	70.4	13.6	12	9.4
2011	96	79.8	16.2		
2006	58.2	48.2	10		

資料來源：歷年綜合所得稅申報初步核定統計專冊，作者整理計算。

　　就綜所稅的效果而言，雖然使稅後所得差距縮小，但重分配效果不大，也因此稅後所得的差距倍數仍是逐年惡化。2018 年高達 105 倍，2019 年仍暴增為 517 倍，2020 年更增至 617 倍。

　　稅前所得、稅後所得差距逐年擴大，主要是因為富人的所得總額幾乎不受經濟不景氣或疫情影響，甚至逆勢增加。但中低所得者的所得本來就成長緩慢，在疫情或經濟不景氣時期更受到嚴重影響而減少。

　　上述綜所稅的申報核定資料統計，並未包含免稅所得或分離課稅的所得等，包括債券、短期票券、證券化條例的受益證券等等之利息所得、結構型商品之交易所得、股利所得，大多為高所得者享有。而許多減免稅的所得，包括證券、期貨之交易所得，產創條例、生技醫藥發展條例、科學園區條例、促參法給予的租稅優惠產業、項目等等，也集中

在高所得者、高科技產業方面。因此，實際的貧富差距應該比上述分析的更爲嚴重。

此外，股利的發放會透過資本化效果，反映在股價的上漲。而目前對證券交易所得免課所得稅，股利所得高者可以將股利所得轉化爲免稅的證券交易所得，以致於股利所得的實質有效稅率遠低於薪資所得，這也是降低所得稅累進性及重分配效果的主要因素。

4. 消費稅制的重分配效果：奢侈稅改善累退有限

消費稅制（銷售稅）主要有關稅、貨物稅、菸酒稅、營業稅（歐洲國家稱爲 VAT）。實證研究大多認爲消費稅具有累退的特性，因爲從經常所得的角度來看，窮人的消費占比，高過於富人，消費稅制會使窮人的消費稅稅負／所得比例，高過於富人。

外國學者 Toder、Nunns 和 Rosenberg（2012）估計稅率 5% 的廣基 VAT（相當於我國的加值型營業稅），對最低 20% 的所得階層是累退的；在中間所得階層爲比例稅；在最高 20% 所得階層爲累退。以五分位計，最低 20% 所得者的 VAT 有效稅率約爲稅後所得的 3.9%；但最高 1% 所得的家庭平均有效稅負爲 2.5% 而已。如果搭配免稅、零稅率或排除某些消費品（例如食品、藥物、醫療用品），可降低累退性。

經濟合作暨發展組織（OECD, 2020）發現 VAT 稅負占經常所得的比重是累退的，也就是低所得者的 VAT 稅負占所得的比重，高過於高所得者。就 VAT 稅負占可支配所得的比重而言，27 個國家都是累退的。歐洲國家的許多研究也顯示 VAT 高度累退。

但若以 VAT 稅負占消費的比重或占終身所得的比重而言，VAT 仍是「比例稅」，因爲年所得低者，將來可能躋身爲中、高所得階層。而且相對於其他間接稅（例如貨物稅、流轉稅等），VAT 累退性也較低。

此外，VAT 有稅源豐沛的優點，應當和對奢侈品的貨物稅，以及量能課稅的所得稅一起搭配，使稅制結構具有成長、累進的優點。

此外，筆者建議並於 2011 年起開徵的特種貨物及勞務稅（俗稱奢侈稅），目前課徵對象包括在境內銷售、產製及進口 300 萬元以上的小客車，50 萬元以上的家具、入會權利等，表面上有量能課稅、累進性及重分配效果。但因稅基狹窄，項目少，有門檻，每年稅收大多在 30 億元左右，占全國稅收的比重微不足道，改善所得分配的效果並不顯著。未來可考慮增加奢侈品項目，降低起徵點門檻，提高稅率。

林金源等（2009）模擬分析「取消娛樂稅、印花稅、飲料品之貨物稅」，發現都使所得不均度下降，但其效果不大。調高營業稅則會擴大所得不均度，營業稅率調高越多，所得不均度上升越多。但營業稅增收的部分數額如能用為移轉支付，不均度可能不增反減。

5. 財產稅的重分配效果：房地稅垂直不公平，財富集中比所得不均更嚴重

財產稅主要為不動產（房、地）的持有稅及動產（車輛）的持有稅。過去關於不動產持有稅的所得重分配效果，有三種不同的財政理論觀點，可說是見仁見智。

舊觀點認為土地稅是由地主負擔，因此是累進的，房屋稅是累退的。但是如果用終身所得來看，房屋消費量與終身所得的比例為固定，則房屋的稅負為比例稅。因此傳統觀點認為應重課土地，輕課房屋。

新觀點則認為財產稅是累進的，因為財產稅為各地方政府所徵收，各地方政府的稅率差別，其實等於全國的平均稅率和各地方稅率高低的加減。平均稅率部分基本上是由資本負擔，從全國、平均觀點來看，財產稅等於資本稅，具有累進性，和傳統觀點完全相反。差別稅率部分，可確定的是土地負擔租稅從而有累進性。

第三種觀點認為財產稅就是受益稅，認為財產稅雖然會使財產價值透過資本化而使價格下跌。但財產稅用於提供公共財，又可提升財產價值，最後是財產稅成為中性的租稅，基本上就是比例稅。有許多國外的

理論或實證文獻，都證實財產稅其實就是受益者付費的性質。

我國不動產持有稅的稅制，目前地價稅及房屋稅的稅率基本上是由中央政府訂定統一的名目稅率。在稅基方面，地價稅的土地公告地價以及房屋稅的房屋評定現值，由各地方政府自行評估而大多低於市價甚多，可能造成垂直及水平不公平。

林華德及蔡忠義（1988）發現低所得者的房屋稅負擔大於中高所得者，認為房屋稅有累退的情況。王宏文（2010）發現台北市地價稅之估價比率差異很大，違背水平公平與垂直公平，甚至為累退。

陳德翰及王宏文（2011）發現台北市房屋稅，從市郊往市中心水平不公平就越嚴重。低價位房屋的估價比率差異程度較大，高價位房屋的估價比率低於中低價位房屋。因此低價位房屋有累退性，中高價位房屋則呈累進，有垂直不公平的現象。

陳德翰、王宏文（2013）發現 2007～2009 年台北市財產稅之實質稅率集中在 0.04% 至 0.09% 之間，整體具有水平不公平的現象，且以舊市區較嚴重。整體具有累退性的垂直不公平問題，主要是地價稅的累退性造成，低價位不動產之高實質稅率與差異程度大，主要來源則是房屋稅。故財產稅的改革方向，在地價稅部分應改善整體累退性，提高中高價位不動產的評估價值，使中高經濟地位住戶負擔更多的地價稅負。於房屋稅部分應降低低價位不動產的評估價值，並改善不一致情況。

此外，所得稅制的重分配效果如果不夠顯著，還會衍生財富集中的問題。因為財富是每年度的所得減去消費之後，以儲蓄的複利累積而成。如果所得稅制有累進程度不高或垂直不公平的問題，高所得者可以透過以錢滾錢的方式累積更多的財富，最後會使財富集中更嚴重。

諾貝爾經濟學獎得主 Piketty 即認為，資本的收益率（r）如果大於經濟增長率（g），財富就會更集中，貧富差距就會繼續擴大。過去 20 多年來，全球經歷了 1997 年的亞洲金融風暴、2000 年網路泡沫、2003 年 SARS、2008 年金融海嘯、2014 年的歐洲 PIIGS 五國的債信危機，

以及 2020 年爆發的新冠肺炎疫情重創，但經濟優勢者仍能以錢滾錢而使資本、財產所得高成長。經濟弱勢則受創最重，回復最慢，使得財產難以累積，最後就是財富分配的長期惡化。

伍大開與陳國樑（2018）使用 2001～2015 年遺產稅資料，推估台灣的財富分配，發現近年台灣財富分配不均度逐漸惡化，而且與金融資產向富有者集中有關。

連賢明等學者（2021）以個人財產登錄資料推估，發現台灣前 10% 的富人約掌握整體社會 62% 的財富，而前 1% 富人的占比約為 23%。2004～2014 年間台灣財富分配的吉尼係數介於 0.78 至 0.80 間，財富集中現象呈現惡化，比所得分配更為不均。

黃耀輝（2021）發現囤房現象嚴重，囤房稅 1.0 以來，持有 4 戶者，擁有全部房屋的 14%；約 26% 由持有 3 戶以上者所持有，且囤房族空屋率高，造成房市供過於求，房價卻居高不下，甚至造成房價所得比、房租所得比屢創新高的荒謬現象。可見得稅制在居住正義方面乏善可陳。因此，建議應當進行囤房稅 2.0 的改革，對囤房的多屋族實施更為累進的囤房稅。

但為避免房東將房屋稅轉嫁給房客負擔，以及突破租屋黑市的問題，應強制出租房屋登錄，並搭配租稅大赦，以及「出租輕稅，空屋重稅」的租稅政策。鼓勵房東誠實登錄，願意出租而不至於空屋閒置。誠實繳納不重的房屋稅，不但可以增加稅收，而且可以將該稅收指定用途於住宅政策方面。

三、國際發展趨勢

（一）具參考價值的美國勞動所得租稅抵免（EITC）

一般的社會救助（Welfare），可能會讓申請救助者依賴救助而不想工作，甚至無法脫貧。美國的勞動所得租稅抵免（以下簡稱

EITC），英國的工作家庭租稅抵減（WFTC），加拿大的工作所得津貼制度（WIS），和純粹的福利或社會救助措施不同。針對勞動所得租稅抵免，具有薪資補貼或工作獎金的性質，以正在工作或尋找工作為前提條件，有助於提高工作誘因，故又被稱為鼓勵脫貧的福利（Workfare）。

美國的 EITC 於 1978 年納入稅法，是目前美國最大的脫貧計畫，各州也陸續引進。當勞動所得低於一定金額時，就按薪資給予一定比率的抵免稅額，抵免個人所得稅。如果抵免稅額超過實際應納稅額，政府即給予差額補貼。當薪資所得到達一定金額之後的一定範圍內，抵免稅額就維持不變。當薪資所得達到一定金額之後，薪資補貼又逐漸減少。因此 EITC 主要是給低薪資所得者的薪資補貼。

其次，扶養的未成年小孩數目越多，抵免金額就遞增，美國稅法規定的抵免上限為 3 個小孩，可以照顧到小孩多的低薪家庭。筆者在美國留學時，獎學金加上學校工讀的收入並不高，加上有幼兒出生，不但不必繳納個人所得稅，還獲得稅額抵減，得到薪資補貼數百美元。

申請的資格為：1. 必須正在工作，且有排富條款；2. 股利、淨資本利得、租金、權利金及消極的投資所得低於一定金額；3. 全年是美國公民或留美僑民；4. 不申報表單 2555（申報海外所得者）。

就理論而言，EITC 在低工作時數範圍內，效果等同於工資補貼，可望增加勞動供給，但是對於那些工作時數本來就比較長的人，則可能減少勞動供給。因此，整體而言，補貼的淨效果會是正或是負並不確定。

李顯峰等（2009）模擬分析台灣實施類似的 EITC 制度對勞動供給的影響，發現影響工作時間的變數有月薪、年齡、教育等變數。薪資的係數呈現非常顯著的正效果，代表提高薪資確實可提高勞動供給，且女性勞動力的彈性大於男性；推論台灣若實施勤勞所得租稅補貼政策，可能提高工作誘因，增加勞動供給。

此外，他們針對內政部 2008 年的「工作家庭補助方案」，也就是

針對全年薪資收入偏低（30 萬元以下）的工作者，按照綜合所得總額合計符合一定標準等經濟等級，提供適切補助，發現對所得分配略有改善。因此推論，EITC 不影響經濟效率，又有助於改善所得分配。

（二）全球興起反避稅風潮─ CFC 明年上路可改善租稅公平

各國稅制本來就有差異，有些國家甚至採取有害租稅慣例，讓跨國企業、高所得者，濫用租稅協定，利用數位經濟跨境交易方式，或在稅負低的租稅天堂設立紙上公司不分配盈餘，規避母國較重的稅負，造成稅基侵蝕以及稅制不公的問題。

因此，引發 G20 的全球聯合防杜避稅行動，OECD 於 2013 年發布 BEPS（稅基侵蝕與利潤移轉）報告，羅列了 15 項行動計畫。從數位經濟之租稅挑戰，移轉訂價、受控外國公司、打擊有害租稅慣例……等等，以建立國際間公平合理的租稅環境。OECD 更積極推動實施全球企業最低稅負制（GMT）。我國也陸續建立了反避稅制度，包括移轉定價（TP）、受控外國公司（CFC）、實際管理處所（PEM）及透過稅務用途資訊自動交換（CRS），以防杜納稅義務人將所得或財產隱匿在外國而規避稅負，減少稅收損失及提升稅制的公平性。目前 CRS 已經納入稅捐稽徵法，並已推動實施。

1. 個人受控外國企業（CFC）明年上路

跨國企業或個人可藉於低稅負國家或地區（如租稅天堂）成立受控外國企業（Controlled Foreign Company, CFC），將利潤移轉並保留於 CFC，再透過控制 CFC 之股利決策，保留不分配原應屬我國之所得，可規避我國納稅義務，又造成貧富差距擴大。

為防杜此種現象，我國於 2016 年增訂所得稅法第 43 條之 3，建立營利事業 CFC 制度，並於 2017 年增訂所得基本稅額條例第 12 條之 1，建立個人 CFC 制度。營利事業 CFC 制度及個人 CFC 制度分別自 2023

年度及 2023 年 1 月 1 日施行，以接軌國際反避稅趨勢及維護租稅公平。

首先，應確定外國企業是否屬 CFC。若將 CFC 拆解成 C 跟 FC，在 (1) C（控制要件）方面，營利事業或個人及其關係人直接或間接持有在我國境外低稅負國家或地區之外國企業股份或資本額合計達 50%（股權控制）；或對該外國企業具有重大影響力（實質控制）；在 (2) FC，也就是低稅負國家或地區定義方面，外國企業所在國家或地區之營利事業所得稅或實質類似租稅，其法定稅率不超過我國稅率之 70%（指稅率不超過 14%）；或外國企業所在國家或地區僅就境內來源所得課稅，境外來源所得不課稅或於實際匯回始計入課稅。

其次，訂有兩個豁免條件，CFC 有實質營運活動者，CFC 當年度盈餘在 700 萬元以下者，排除適用。但為避免個人或營利事業藉由成立多家 CFC 來分散盈餘，取巧適用 700 萬元豁免條款，全部 CFC 當年度盈餘或虧損合計為正數，而且超過 700 萬元時，所有的受控外國企業當年度盈餘（正數），都要計入所得額課稅。

對於不符合豁免資格者，持有 CFC 股權達 10% 之個人，或與配偶及二親等以內親屬合計持股達 10% 之個人，即為適用對象，再依個人直接持股比率和持有期間，計入個人基本所得額。在扣除每人每年 670 萬元基本免稅額後，和境內外所得合併課徵 20% 的綜所稅。如果最低稅負超過一般綜所稅的稅負，則需補繳差額的稅負。

針對跨國企業、富人的國際稅務資訊透明化，已是不可逆轉的趨勢，也是國際組織檢視各國稅制的重要依據及標準，資金移動未來都可能被母國掌握，避稅變得越來越難。財政部也持續關注國際反避稅的發展及實施 CFC 制度的成果，台商需要重新調整投資架構，關掉不必要的租稅天堂紙上公司，才能降低稅務風險。總之，政府跟進國際的反避稅措施，對於稅制公平和縮小貧富差距應可發揮一定的效果。

2. 實際管理處所（PEM）及全球企業最低稅負制

　　與營利事業 CFC 同時修法通過之實際管理處所制度（PEM），目前還沒有公布施行日期。若 CFC 制度實施有些成效，台商在海外成立的 CFC 即可能成為 PEM，則 PEM 的實施已經不是非常重要。

　　此外，為導正跨國企業集團避稅行為，約束各國從事租稅競爭，以建立國際間公平合理的租稅環境，OECD 正積極推動「全球企業最低稅負制」。但適用對象是前 4 個會計年度中，至少 2 個會計年度合併年收入達 7.5 億歐元（約新臺幣 230 億元）的跨國企業集團，只有極少數大型集團企業才會適用。因此對於改善貧富差距的成效應該不大，在此就不另贅述。

（三）社會保險的補充保費，提高所得稅的累進性

　　美國的勞動所得課稅很重，除了一般的個人所得稅之外，勞動所得還要按累進稅率課徵薪資稅。但薪資稅的投保薪資訂有最高上限，降低了累進程度；且投資性所得不必負擔薪資稅，稅負相對較輕而不公平，也是導致所得分配更惡化的原因。

　　因此 2013 年起，美國採行醫療保險附加捐的新投資所得稅，針對所得超過 20 萬美元者（結婚者為 25 萬美元），投資所得要繳納 3.8% 醫療保險附加捐。此一附加捐很像我國全民健保的補充保費，讓投資性所得（如股利、利息等非勞動薪資所得）也負擔一部分的保費，可使全民健保不至於淪為薪資稅的附加。但因美國大部分的投資所得，都適用 20% 稅率的長期資本利得稅，即使加上附加捐，合計投資所得最多只有課到 23.8% 的稅率，仍遠低於多數的勞動所得者的有效稅率。

（四）終身免稅額的遺產及贈與稅

　　美國的遺產及贈與稅，又稱為無償移轉稅，屬於財富移轉稅。對於遺產或贈與超過終生免稅額 1,170 萬美元（2022 年約新臺幣 3.74 億元，

按照物價指數連動）以上的部分，適用聯邦稅率 40%。因此富人一生中贈與小孩如合計不超過 2,300 萬美元，都不會被課到贈與稅。對於贈與人一生之中繳過的贈與稅，還可以從遺產中扣除，以免該贈與被重複課稅。而每一受贈人，每年有 1.5 萬美元（2018-2020）的免稅額，結婚的免稅額為 2 倍。因此任何富人，可以贈與無數的受贈人各 1.5 萬美元，都不會被課徵贈與稅。而且贈與人為受贈人支付教育或醫療費用，也不計入受贈人的財富。

例如，2021 年某人贈與女兒 2 千萬美元，並代其支付 5 萬美元的大學學費，應繳納贈與稅＝（2,000 萬贈與額－終生免稅額 1,170 萬－每年免稅額 1.5 萬）× 40% = 331.4 萬美元。

但是終生免稅額在該贈與當年用完，贈與人將來過世時，即無此項免稅額的適用，其遺產扣除相關費用後，應課徵遺產稅。例如，承上例，若贈與人已婚，夫妻合計免稅額為 2,340 萬美元，完全免課贈與稅，夫妻兩人還有 338.5 萬美元，可作為計徵遺產稅的免稅額。

美國遺贈稅的終身免稅額，對於我國的遺贈稅改革，極具參考價值。因為贈與稅是為了彌補遺產稅的漏洞，而遺產稅又是為了彌補所得稅的漏洞。但目前贈與人每年有 220 萬元的免稅額，讓富人可以有足夠長的期間分散遺產，成為遺產稅的漏洞，導致遺產稅稅收有限，無法達到減少財富集中的效果。

四、政策目標與規劃理念

綜合上述的分析，可以發現我國的貧富差距擴大，租稅負擔率又是全世界最低的國家之一。租稅結構上雖然直接稅的比重約占三分之二，形式上有累進性，但所得稅的減免最多，又有許多分離課稅，財產稅的比重偏低。雖課徵「囤房稅」，但因稅基偏低，囤房現象持續惡化。房價不斷上漲，全國的房價所得比不斷擴大，嚴重傷害居住正義，更使財富分配加速惡化。而遺產及贈與稅雖然稅率提高至 20%，但遠低於所

得稅的 40% 稅率，無法填補所得稅逃漏稅的缺口，且因贈與的免稅額高，侵蝕遺產稅的稅基，重分配效果也不大。加上消費稅的累退性，整體稅制的重分配效果不大。

因此，有必要提出前瞻性的稅改理念，重擬稅制改革的目標。

（二）稅制改革目標

針對上述的現行稅制在公平面的缺失，未來稅制設計或改革的目標，應考量：

1. 取消錦上添花式的租稅減免，提高租稅負擔率

產創條例、科學園區條例、生技醫藥發展條例等等租稅優惠政策，對於大型、高科技產業的租稅減免，等同於補貼經濟優勢。導致所得、財富分配惡化，又造成稅基侵蝕，稅損巨大。讓政府無充裕財源從事社會福利，尤其是社會救助等移轉性支付容易捉襟見肘，又降低了重分配效果。

依據納稅者權利保護法，應優先檢討不斷擴大的稅式支出，節制巧立名目的租稅優惠政策，以減少稅基侵蝕和稅收損失。還可提高租稅的重分配效果，又可充裕稅收，作為社會福利等移轉性支付的財源，進而發揮重分配效果。

2. 提高所得稅制的重分配效果

所得稅制的最低稅負制，因免稅額自始就訂定至非常高的水準（600 萬元，隨物價調整現為 670 萬元），稅率也僅有 20%，又無法掌握海外所得來源，以致於稅收微不足道，重分配效果極小。應適度降低免稅額，並提高稅率。

3. 提高社會保險保費的累進性

全民健保雖然有「補充保費」機制，將股利、利息等被動（資本）所得徵收保費，有改善所得分配的形式，但費率僅 1.91%，實際的重分

配效果有限。而勞保保費的投保薪資設定的上限偏低，也降低了勞保保費的累進效果。未來可考慮提高勞保的投保薪資上限，增加保費（廣義租稅）的累進程度，但在勞保的給付方面，則可採取遞減的模式，以增家給付方面的累進性，則可使勞保具有重分配功能，又可改善勞保的財務。

4. 跟進國際反避稅機制

透過參與或跟進國際上的反避稅機制，包括營利事業和個人的外國控制公司 CFC、移轉定價（TP）、共同申報準則（CRS），可以防杜高所得、高財富者藏富海外，顯著提高重分配效果。

5. 調高分離課稅項目的稅率

所得稅的分離課稅，不但使得所得稅的「綜合性」趨於破碎，更是破壞量能課稅的精神，降低所得稅的累進性。因此應調高分離課稅項目的稅率，甚至考慮將目前分離課稅項目整併入綜合所得稅制，以維持個人所得稅的「綜合性」。並提高累進程度，甚至應指定用途於社會救助等移轉性支付。

6. 實施「工作脫貧」的薪資所得稅額抵減制度

參考美國的 EITC 制度，對於低薪者，尤其撫養小孩者，給予薪資補貼，則可增加勞動供給、提高勞動參與率，也能幫助低薪家庭的小孩脫貧，明顯縮小稅後所得的差距。

7. 降低消費稅的累退性

目前營業稅的稅率屬全球最低，比日、韓的 10%、中國大陸的 13% 低，確實有提高稅率的空間，但是要避免累退性惡化，可對高價品提高稅率。同時擴大必需品的範圍，奢侈稅可以擴大範圍及稅率，指定用途於社會福利用途。

8. 提高財產稅的比重和累進性

　　地政界的實證研究發現，由於房產稅的稅基評定遠低於市價，造成地價稅垂直不公平，以及房屋稅在地價部分有垂直不公平的問題，使得財產稅具累退性。加上財產稅的比重偏低，未來應提高房屋稅、地價稅的稅基。

　　囤房稅 1.0 成效不彰，甚至使囤房現象越趨嚴重。未來應全國歸戶，並由中央全面調高門檻稅率及最高稅率。遺產稅及贈與稅，應訂定終身免稅額，以免透過逐年贈與，侵蝕遺產稅的稅基。

五、策略措施

　　實證研究顯示，稅制對所得分配之影響，主要決定於各稅之比重及個別租稅的累進程度和累退程度。台灣海島型開放經濟的特性，宜注意追求公平可能造成資本外逃的副作用，以及對經濟效率的衝擊。因此，未來在稅制改革的策略上宜考量：

（一）稅制改革首重提高租稅負擔率

　　所得稅制，應密切關注並參與國際反避稅的作法與進程，參考各國資本相關稅制的平均稅率，滾動檢討並逐步取消錦上添花式的租稅減免以及分離課稅項目。才可避免資本外逃，高所得者藏富於海外，又可自經濟優勢者收到充裕稅收，作為移轉性支付的財源，改善所得分配。

（二）在所得稅方面，讓小者做大

　　縮小貧富差距的有效辦法，就是提高低所得者的稅後所得，也就是知名哲學家 John Rawls 的正義學說中的「差異原則」：「在所得和財富的分配方面，應使社會中處境最不利的成員獲得最大的利益，將可彌補自然偶然因素對分配產生的不當影響」。

　　可參考美國的勞動所得稅額抵免制度（EITC），對於低薪者，尤

其撫養小孩者，給予薪資補貼。可避免一般社會救助的副作用，又可增加勞動供給、提高勞動參與率，幫助低薪家庭的小孩脫貧，明顯縮小稅後所得的差距。勞保保費的投保薪資設定的上限偏低，也降低了勞保費的累進效果。未來可考慮提高投保薪資上限，提高保費的累進程度，但在勞保的給付方面，則可採取地檢的模式，提高給付方面的累進程度，則可使勞保具有重分配功能，又可改善勞保的財務。

（三）消費稅重於降低累退性

由於目前提供最多租稅優惠、分離課稅的租稅是所得稅制，侵蝕所得稅的稅基，降低累進程度，從而透過稅後高所得的累積，又演變為財富分配的貧富差距更為擴大。而面對國際競爭，產業政策方面要取消所得稅方面的稅減免仍有一定程度的困難，因此可轉念思考，高所得、高財富者必然捨得消費。建議可以從消費稅制上，尋求對經濟優勢者課徵累進的消費稅或銷售稅，又可挹注更多社會福利財源。

因此，可考慮對高價品提高稅率，同時擴大必需品的範圍，奢侈稅可以擴大範圍及稅率，指定用途於社會福利用途。奢侈稅可滾動檢討國際作法，針對不易移動的消費品，研擬擴充範圍或提高稅率。

（四）財產稅應落實居住正義

應提高房屋稅、地價稅的稅基。囤房稅應全國歸戶，並由中央全面調高門檻稅率及最高稅率。建立房屋出租強制登錄制度，搭配租稅大赦，輔以「空屋重稅，出租輕稅」原則，突破租屋黑市，鼓勵房東誠實申報，將房租所得納入所得稅的稅基，可望使本來課不到的所得稅，成為廣大稅基的稅源，又不會轉嫁給房客負擔。並將房租所得由列舉扣除額，改列為特別扣除額，並提高房租的扣除額度，最後可望使得稅收不減反增，從而有更多財源挹注於社會福利、住宅政策。並可釋出空屋，增加房屋交易市場或租屋市場的供給量，有助於穩定房價和房租，實現

居住正義。

（五）遺產稅要有國際化格局與視野

遺產稅是為了防堵所得稅的漏洞；贈與稅則是為了防堵遺產稅的漏洞。遺贈稅的目的在於補強個人所得稅在課徵資本利得方面的功能不足。如果沒有遺產稅，「未實現」的資本利得躲過了所得稅而移轉給高財富的親友，然後自始至終都沒有被課稅；如果沒有贈與稅，「已實現」的資本利得將透過分散財產方式，躲避遺產的稅負無法課稅，在高財富家庭繼續集中財產，使世代的財富不均繼續發生。

何志欽（2015）指出，遺產和贈與稅必須符合最適租稅的原則—社會公平與經濟效率的平衡，更要符合動態均衡的原則—生命循環和世代移轉中互動。

目前我國的贈與稅是採取「年度」累進，而遺產稅則是「終生」累進。可參考美國的遺贈稅制，即將贈與稅和遺產稅合併在共同的終生累計財富移轉稅基上。再制定適用於終生累計財富移轉的統一稅表，使贈與方式的移轉和遺產方式的移轉受到同等租稅待遇，讓遺贈方式左右對稱（遺產或贈與都受到同樣的租稅待遇）、遺贈時點前後一致（生前贈與或死後繼承的租稅待遇一樣）的目標，自然可以防止透過逐年贈與，侵蝕遺產稅的稅基。

六、挑戰與展望

台灣屬於小型開放經濟體系，租稅政策很難自外於國際環境，且很容易受到政治因素干擾，因此雖然有上述理想的目標，及具體可行的策略，但仍充滿挑戰。要注意的挑戰有：

（一）兼顧效率，追求務實的公平

台灣屬於小型、開放的海島型經濟，必須小心注意經濟效率與社會

公平的衡平。如果太講究公平，而稅制過度累進，可能使得資本外逃，打擊工作、投資、儲蓄等意願，導致稅基萎縮而難以取得足夠稅收。

因此，對於彈性大的資本所得，應注意稅率的訂定不要超過國際平均水準。例如北歐國家，對於資本所得課以較勞動所得爲低的稅率，總比資本外逃而課不到稅要好，再則可以用較充裕的稅收，挹注社會福利。因此，需要與時俱進，參考國際作法，掌握稅源，實現「務實的公平」。

（二）提高租稅負擔率方面，注意減稅容易，加稅難

在台灣減稅容易，加稅難。因此，提高租稅負擔率必然面臨強烈的阻力，尤其其他政府部門自 1961 年以來，早已習於依賴獎投條例、促產條例、科學園區條例、產創條例、生技新藥發展條例等特別法，以稅式支出扶植特定產業的發展。

何志欽（2015）指出，隨著經濟發展已經到了成熟期，未來應轉向爲「藏富於民」，而非「藏於富民」。目前台灣的半導體產業一枝獨秀，和長期以來政府提供很多的租稅優惠有很大的關係，但也因而造成資源配置上的扭曲。一方面讓贏者圈反而分配到更多的資源，另一方面也造成產業發展的失衡，中小企業、傳統產業相對未受到太大的關注和支持。因此，未來的產業政策方面，應切實落實「財政紀律法」、「納稅者權利保護法」，納稅者權利保護法實現課稅公平，第 5 條明訂量能課稅原則，也就是納稅者依其實質負擔能力負擔稅捐，無合理之政策目的不得爲差別待遇。第 6 條（租稅優惠不得過度）：1. 稅法或其他法律爲特定政策所規定之租稅優惠，應明定實施年限並以達成合理之政策目的爲限，不得過度；2. 前項租稅優惠之擬訂，應舉行公聽會並提出稅式支出評估。不能讓錦上添花的租稅減免或優惠再進一步擴大，相關單位要擺脫依賴租稅優惠的方式來發展經濟的心態，至少國發會應該宣示未來稅式支出條款「只減不增」，才能降低稅損，提高稅制的重分配效果。

（三）稅制改革方面

1. EITC 符合小者做大原則，現在正是實施時機

在國中小學教職員及軍人薪資免稅時代，許多非窮人的所得不在所得稅申報資料上。因此政府實施「低所得家庭補助方案」，曾發生補助到免稅者的情形。目前此種免稅所得早在 2011 年取消，已初步具備實施條件。但財政部仍應對分離課稅、享受租稅優惠者的所得進行全國總歸戶，才能參照美國的 EITC 制度。對於低薪者給予薪資補貼，又可排除資本、投資、財產所得較高者，可望提高低薪者的薪資所得，減少薪資所得者的稅負，縮小貧富差距。

2. 反避稅機制結合最低稅負制

最低稅負制原始初衷，是使富人負擔基本的所得稅。但因免稅額自始就訂得太高（600 萬元），稅率只有 20%，以致於稅收有限，重分配效果不大。雖然我國屬於小型開放的經濟體系，稅制的設計，尤其是稅率的訂定，很難自外於國際的稅制與稅率。過去若太在乎公平，而訂定太高的所得稅率，極可能導致資本外逃，富人藏富於海外。因此不得不講究「務實的公平」，必須將稅率訂定在國際平均水準以下。

但隨著國際反避稅的行動越趨積極，先進國家無不針對該國富人藏富於海外，或跨國企業將利潤分配至低稅國家或地區的避稅行為，紛紛對租稅天堂（或避風港）施壓，透過外國金融帳戶進行稅務用途資訊交換（CRS）、企業最低稅負制、移轉定價（TP）、CFC、PEM 等國際合作方式，這是國內稅制跟進改革的重要契機。因此，未來應當積極跟進國際反避稅制度的發展，亦步亦趨地檢討修正相關稅制，可以擴大稅基，提高稅率，增裕稅收，提高重分配效果。

3. 房產稅調高稅基，對囤房囤地者課累進稅率，仍須中央積極主動

財產稅是地方政府的主要財政收入。過去地方政府因稅率由中央政府掌控，在稅基方面通常過於政治考量，而從低訂定稅基，如造成財政

收入不足。再利用現行財政收支劃分制度的缺失，爭取中央的補助或統籌分配稅款，從而造成房產稅的有效稅率為全球最低，垂直不公平、累退的問題嚴重。財政部應檢討財政收支劃分制度，鼓勵地方政府積極調高房產稅的稅基的「租稅努力」作為，給予更多的補助款或統籌分配稅款，才能大破現在的僵局。

在囤房稅改革方面，目前最大的阻力其實來自於中央政府。中央政府以財產稅屬於地方稅制，忽視地方政府顧忌於租稅競爭的壓力，對地方政府長久以來從低評定稅基，或針對囤房從低訂定門檻稅率，都不願介入或督促改進。建議財政部，應該從整體利益角度，重視財產稅會造成稅基在地區間移動的事實，基於中央徵稅有較高的效率，行政成本較低，應當統一制訂囤房稅的稅率，且全國歸戶可使囤房者無從規避地方政府各自為政的漏洞。

納稅者權利保護法第 8 條（財政資料公開）：主管機關應於其網站，主動公開下列資訊，並供查詢、下載及利用：1. 全體國民之所得分配級距與其相應之稅捐負擔比例及持有之不動產筆數。

4. 遺贈稅改採美國的「終生財富移轉稅」，需要精算終身免稅額

目前遺贈稅的稅率已提高至 20%，與最低稅負制相同，尚不至於激起富人移轉財富於海外的念頭。何況國際上不斷推出反避稅機制，很難再像從前那樣輕易地藏富於海外。因此，只需要在稅基上設計到課徵遺產稅或贈與稅後，財富不會過度集中在富有人家。終身免稅額的訂定，可根據富人生前長期贈與的金額，取其中位數，並隨物價指數連動調整，即可達到贈與稅和遺產稅中性的效果，亦即富人不需要透過生前贈與來規避遺產稅，平時贈與或死後繼承的稅負都相同。

參考文獻

1. 王宏文（2010）。〈台北市地價稅公平性之研究〉。《行政暨政策學報》，51：47-76。

2. 伍大開與陳國樑（2018）。〈以遺產稅資料分析我國財富分配不均與財富之組成〉。《經濟論文叢刊》，46（4）：523-567。

3. 何志欽（2015）。〈租稅改革願景工程〉，《分配正義新詮釋下的發展與規劃講座》。台北：余紀忠文教基金會。

4. 何志欽（2015）。《歷年綜合所得稅申報初步核定統計專冊》。台北：財政部財政資訊中心。

5. 李駿謙（2004）。《我國所得稅制度重分配效果之解析》。國立政治大學財政研究所碩士論文，未出版。

6. 李顯峰等（2009）。《勤勞所得租稅補貼制度之租稅面分析》。財政部委託研究計畫。

7. 林金源、朱雲鵬、陳明進、江莉莉（2005）。《所得稅及銷售稅稅制改革對所得分配之影響》。台北：財政部委託研究計畫報告。

8. 林華德、蔡忠義（1988）。〈台北市房屋稅的負擔〉。《財稅研究》，20（2）：59-70。

9. 徐偉初、王正、王文煌（1989）。《家戶間賦稅負擔之分配研究》。台北：財政部賦稅改革委員會。

10. 徐偉初、楊子菡、蘇漢邦（2012）。〈我國租稅制度整體所得重分配效果之研究〉。政大財稅制度與理論研究中心研究計畫。

11. 連賢明、曾中信、楊子霆、韓幸紋、羅光達（2021）。〈臺灣財富分配2004—2014：以個人財產登錄資料推估〉。《經濟論文叢刊》，49（1）：77-130。

12. 陳盈州（2004）。《我國租稅制度之所得重分配效果》。國立中興大學經濟學研究所碩士論文，未出版。

13. 陳德翰、王宏文（2011）。〈台北市財產稅公平性之研究〉。《台灣土地研究》，16（2）：89-139。

14. 游秉睿（2010）。《近年我國家戶租稅負擔以及各租稅重分配效果之研究》。國立政治大學財政研究所碩士論文，未出版。

15. 黃耀輝（2021）。「政府實施房地合一稅及是否推動囤房稅之政策評

估」公聽會，立法院。

16.葉金標（1995）。《租稅負擔與所得分配—轉嫁與歸宿之分析》。國立中興大學財政學研究所碩士論文，未出版。

17.Cornia, G. A., Gómez-Sabaini, J. C.,& Martorano, B. (2011). A New Fiscal Pact, Tax Policy Changes and Income inequality: Latin America during the Last Decade，WIDER Working Paper, No. 2011/70，The United Nations University World Institute for Development Economics Research (UNU-WIDER), Helsinki.

18.Duclos, J. Y., Jalbert V., & Araar A. (2003). Classical Horizontal Inequality and Reranking: An Integrated Approach. *Research on Economic Inequality*, 10: 65-100.

19.Ferreira-Filho, J., Santos, C. V. & Lima, S. (2007). Tax Reform, Income Distribution and Poverty in Brazil: an Applied General Equilibrium Analysis. *International Journal of Microsimulation*, 3(1): 114-117.

20.Iyer, G. S., & Reckers, M. J. (2012). Decomposition of Progressivity and Inequality Indices: Inference from the US Federal Income Tax System. *Journal of Accounting and Public Policy*, 31: 258-276.

21.Kakwani, N. C. (1977). Measurement of Tax Progressivity: An International Comparison. *Economic Journal*, 87: 71-80.

22.OECD.(2020). Reassessing the Regressivity of the VAT, OECD Taxation Working Papers.

23.Pechman, J. A., & Okner, B. A. (1974). Who Bears the Tax Burden. Washington DC: The Brookings Institution.

24.Pechman, J. A. (1985). *Who Paid the Taxes, 1966-85?*. Washington DC: The Brookings Institution Press.

25.Piketty, T. (2013). *Capital in the Twenty-First Century*. Cambridge, MA: Harvard University Press.

26.Rawls, J. (1971). *A Theory of Justice*. Cambridge, MA: Harvard University

Press

27. Toder, E., Nunns, J., & Rosenberg, J. (2012). *Implications of Different Bases for a VAT*. Urban-Brookings Tax Policy Center.

Chapter 2
居住不正義？！高房價與青年住宅

彭建文

一、前言

　　過去 30 多年來國內實質所得嚴重停滯不前，且日益分配不均，但各地區房價呈現倍數式的大幅成長。尤其是在工作機會較多、生活機能較為完善的都市地區，高房價對於大多數未擁屋民眾實在相當沉重而難以負荷。其中，以剛出社會的青年人衝擊最為嚴重。青年人無論是透過購屋或租屋來滿足其居住需求，均須面對嚴重的住宅負擔能力不足問題。

　　一般在衡量民眾的住宅負擔能力，通常會使用房價所得比與貸款負擔率兩項指標。房價所得比是中位數住宅總價與中位數家戶可支配年所得的比值（中位數住宅總價／中位數家戶可支配所得），[1]代表一般家庭需要累積多少年的家戶可支配所得來購買一戶一般住宅。房價所得比越高，房價負擔能力越低。依據國際慣例房價所得比在 3～6 倍區間較為合理。不過，從表 2-1 內政部 2022 年第 2 季的房價負擔能力統計來看，全國的房價所得比平均為 9.69 倍。其中以台北市（16.17）為最高，新北市（12.82）、台中市（11.14）分居二、三名，房價所得比最低的 3 個縣市分別為基隆市（5.88）、嘉義縣（5.93）、嘉義市（6.3），六都

1　家戶可支配所得是指家庭全部所得收入扣除非消費性支出（例如：利息、社會保險保費、稅金、罰款及禮金等）後，實際可自行運用之所得。使用房價與家戶所得的中位數而非平均數，主要是為避免一些極端值的影響。

中的台南市（9.36）、高雄市（9.34）、桃園市（7.83）略低於全國平均。桃園市為六都中最低者，顯示高房價問題不僅存在於六都，國內許多非六都縣市的房價所得比也明顯偏高。

貸款負擔率是以每月貸款應償還金額除以中位數家戶可支配月所得（每月貸款應償還金額／中位數家戶可支配月所得），貸款負擔率在 30% 以下代表「可合理負擔」，30%～40% 代表負擔能力「略低」、40%～50% 表示負擔能力「偏低」，50% 以上表示負擔能力「過低」。從表 2-1 可發現，2022 年第 2 季全國房貸負擔率為 39.62%，為負擔能力「略低」等級，較上季上升 1.27 個百分點，較去年同季上升 3.35 個百分點，顯示整體住宅負擔能力持續惡化。以六都而言，台北市（66.12%）及新北市（52.41%）為「過低」等級，台中市（45.54%）為「偏低」等級，桃園市（32.01%）、台南市（38.26%）及高雄市（38.17%）均為「略低」等級，六都無任何一個屬於「可合理負擔」等級。其他各縣市的房貸負擔率方面，僅有基隆市（24.06%）、嘉義縣（24.25%）、嘉義市（25.75%）、屏東縣（28.03%）、雲林縣（29.13%）等五個縣市為「可合理負擔」等級，其他的縣市貸款負擔率介於 30%～40%，屬於「略低」等級。

從表 2-2 不同年齡分組的房價負擔能力可發現，未滿 30 歲家戶中，無任何一縣市為「可合理負擔」等級。其中基隆市、嘉義市、嘉義縣、雲林縣、屏東縣等五縣市為「略低」等級，宜蘭縣、苗栗縣、彰化縣、南投縣、台東縣、花蓮縣、澎湖縣為「偏低」等級，六都與新竹縣、新竹市為「過低」等級。在 30～40 歲家戶中，僅嘉義縣（25.85%）、屏東縣（29.62%）、基隆市（24.54%）、嘉義市（25.85%）等 4 個縣市為可合理負擔等級，其餘縣市大多屬於偏低或略低等級，台北市及新北市為「過低」等級。經濟日報（2022）指出，根據巢運團體的問卷調查結果，發現高達 99.3% 民眾認為國內高房價問題嚴重，更有超過 5 成民眾認為政府打房政策無效或無感。進而批評：「小英執政 6 年，房市

表 2-1　2022 年第 2 季全國及縣（市）房價負擔能力指標

縣市	房貸負擔率（%）	房貸負擔率（百分點）		房價所得比（倍）
		季變動值	年變動值	
全國	39.62	1.27	3.35	9.69
新北市	52.41	0.96	3.93	12.82
台北市	66.12	1.21	3.01	16.17
桃園市	32.01	0.51	1.72	7.83
台中市	45.54	0.46	6.08	11.14
台南市	38.26	1.42	6.62	9.36
高雄市	38.17	2.58	7.81	9.34
宜蘭縣	37.66	-0.89	2.84	9.21
新竹縣	38.64	1.80	5.64	9.45
苗栗縣	32.74	2.26	1.01	8.01
彰化縣	36.57	0.23	2.37	8.94
南投縣	37.56	1.48	2.99	9.19
雲林縣	29.13	0.84	1.37	7.12
嘉義縣	24.25	1.53	1.95	5.93
屏東縣	28.03	2.00	4.95	6.85
台東縣	32.98	0.19	1.22	8.06
花蓮縣	36.74	2.88	2.78	8.98
澎湖縣	34.35	2.29	1.05	8.40
基隆市	24.06	0.99	1.26	5.88
新竹市	32.84	0.50	3.18	8.03
嘉義市	25.75	0.77	3.04	6.30
金門縣	36.51	-1.93	-2.73	8.93

資料來源：內政部 2022 年辦理房價負擔能力資訊統計分析與定期發布案，2022 年第 2 季統計季報。

三箭射垮青年！」除了「建二十萬戶社宅」略有進展外，其餘政策幾乎沒有動靜。此外，內政部所提出的「300 億元中央擴大租金補貼專案」是試圖透過短期發錢安撫無殼中產青年，並無法眞正解決租屋困境。

表 2-2　2022 年第 2 季縣（市）年齡分組之房價負擔能力指標分析

縣市	房價負擔能力	30歲以下	30～40歲	40～50歲	50～65歲	65歲以上
全國	房貸負擔率（%）	57.54	40.49	32.46	38.99	68.07
	房價所得比（倍）	14.07	9.90	7.94	9.54	16.65
新北市	房貸負擔率（%）	78.48	54.35	42.19	52.98	94.01
	房價所得比（倍）	19.19	13.29	10.32	12.96	22.99
台北市	房貸負擔率（%）	113.96	68.68	50.59	62.72	113.26
	房價所得比（倍）	27.87	16.80	12.37	15.34	27.70
桃園市	房貸負擔率（%）	50.48	32.71	26.27	32.43	58.44
	房價所得比（倍）	12.35	8.00	6.43	7.93	14.29
台中市	房貸負擔率（%）	64.09	46.48	38.84	45.47	77.61
	房價所得比（倍）	15.67	11.37	9.50	11.12	18.98
台南市	房貸負擔率（%）	53.42	39.66	32.74	39.56	67.61
	房價所得比（倍）	13.06	9.70	8.01	9.67	16.53
高雄市	房貸負擔率（%）	53.25	39.39	33.62	36.44	70.22
	房價所得比（倍）	13.02	9.63	8.22	8.91	17.17
宜蘭縣	房貸負擔率（%）	49.83	38.08	32.04	37.17	63.04
	房價所得比（倍）	12.19	9.31	7.84	9.09	15.42
新竹縣	房貸負擔率（%）	65.32	37.64	27.61	39.73	82.92
	房價所得比（倍）	15.97	9.21	6.75	9.72	20.28
苗栗縣	房貸負擔率（%）	46.66	32.47	25.39	32.22	57.62
	房價所得比（倍）	11.41	7.94	6.21	7.88	14.09
彰化縣	房貸負擔率（%）	49.40	37.63	31.78	37.77	57.46
	房價所得比（倍）	12.08	9.20	7.77	9.24	14.05

表 2-2　2022 年第 2 季縣（市）年齡分組之房價負擔能力指標分析（續）

縣市	房價負擔能力	30歲以下	30～40歲	40～50歲	50～65歲	65歲以上
南投縣	房貸負擔率（%）	47.99	39.21	33.79	37.83	65.80
	房價所得比（倍）	11.74	9.59	8.26	9.25	16.09
雲林縣	房貸負擔率（%）	39.20	30.15	24.54	29.93	49.44
	房價所得比（倍）	9.59	7.37	6.00	7.32	12.09
嘉義縣	房貸負擔率（%）	31.01	25.85	21.18	24.45	41.30
	房價所得比（倍）	7.58	6.32	5.18	5.98	10.10
屏東縣	房貸負擔率（%）	34.91	29.62	25.80	27.52	51.55
	房價所得比（倍）	8.54	7.24	6.31	6.73	12.61
台東縣	房貸負擔率（%）	40.80	34.30	28.97	32.31	59.31
	房價所得比（倍）	9.98	8.39	7.08	7.90	14.51
花蓮縣	房貸負擔率（%）	46.19	37.77	32.54	36.00	68.21
	房價所得比（倍）	11.30	9.24	7.96	8.80	16.68
澎湖縣*	房貸負擔率（%）	40.87	32.84	28.29	34.12	65.83
	房價所得比（倍）	10.00	8.03	6.92	8.35	16.10
基隆市	房貸負擔率（%）	33.30	24.54	20.11	23.84	43.70
	房價所得比（倍）	8.14	6.00	4.92	5.83	10.69
新竹市	房貸負擔率（%）	58.18	32.39	23.67	34.23	71.41
	房價所得比（倍）	14.23	7.92	5.79	8.37	17.46
嘉義市	房貸負擔率（%）	35.97	27.20	21.93	24.93	46.26
	房價所得比（倍）	8.80	6.65	5.36	6.10	11.31

資料來源：同表 2-1。

　　青年人所面對的高房價與住宅負擔能力不足問題，不僅影響青年人的居住環境品質，更嚴重的是可能進一步影響其未來的結婚、生育、養育、遷徙⋯⋯等各項重大決策。進而對未來國內的出生人數、就學人數、就業勞動力、人口結構（少子化與人口老化），以及整體國家發展

等面向，產生重大且深遠影響。因爲當一個國家人口組成中需被撫養的 14 歲以下少年與 65 歲以上老年人口，占 15～64 歲勞動人口比例小於 50%，此段期間勞動適齡人口比例上升，幼兒與老年撫養負擔相對較輕，對經濟發展相當有利，稱之爲「人口紅利」時期。反之，當人口總扶養比例超過 60% 時，稱之爲「人口負債」，並對整體社會與經濟發展產生長遠的負面影響，甚至出現低生育率陷阱，形成經濟與社會不良發展的惡性循環，且一旦上述趨勢成形，未來要再試圖扭轉將極爲不易。

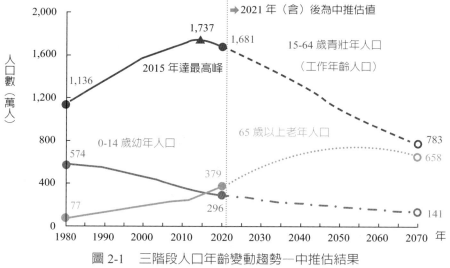

圖 2-1　三階段人口年齡變動趨勢—中推估結果
資料來源：國家發展委員會（2022）。

　　從圖 2-1 可發現，國內 15～64 歲青壯年人口已於 2015 年達最高峰的 1,737 萬人後即逐年快速減少，在 2017 年時老年人口爲 379 萬人，超越幼年人口的 296 萬人，預估 2070 年時 15～64 歲青壯人口減少至 783 萬人，僅略高於老年人口的 658 萬人，幼年人口則僅剩下 141 萬人。由此可見，當前青年人因高房價所衍生的居住問題必須立即積極處理，努力尋求可能的解決策略與方案，否則不但會使青年人的居住品質

降低，同時對國家的人口結構與長遠經濟發展產生重大且深遠影響。

二、國內高房價與青年居住現況

（一）房價漲幅明顯大於所得成長

　　國內房價呈現長期大漲小回，其漲幅遠高於物價與所得成長。從圖 2-2、2-3 全國與台北市在 2003 年第 2 季 SARs 疫情結束後的房價與所得變化來看，雖然家戶可支配所得隨時間有緩步的成長，但考量物價上漲後的實質成長相當有限。反之，房價成長幅度明顯高於家戶可支配所得成長，近 20 年以來房價雖有短期的盤整，但卻未有明顯的下跌。進而使住宅負擔能力惡化，尤其全國政經商業中心的台北市更是如此。

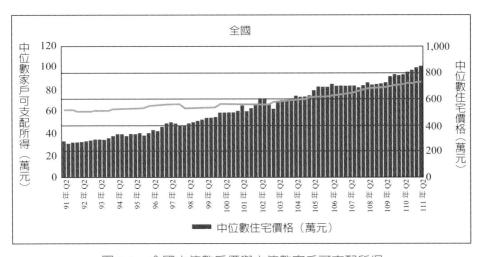

圖 2-2　全國中位數房價與中位數家戶可支配所得

資料來源：同表 2-1。

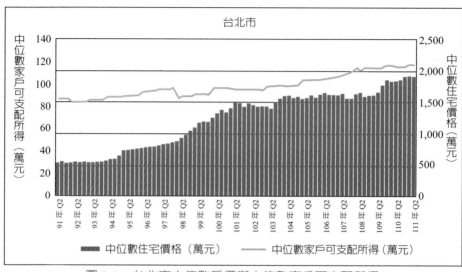

圖 2-3　台北市中位數房價與中位數家戶可支配所得

資料來源：同表 2-1。

（二）房價飆漲背後原因複雜控管不易

　　國內房價大幅上漲其背後的原因，除國人傳統的有土斯有財的固有觀念外，政府以往過度注重鼓勵擁屋而輕忽租屋的住宅政策思維，以及金融市場的不斷解禁與扮演相當重要的角色。尤其在 2008 年受到次級房貸風暴引發的全球金融海嘯衝擊後，各國紛紛採取量化寬鬆貨幣政策來刺激經濟景氣。在市場資金氾濫與低利率環境下，房價呈現倍數成長，遠遠偏離其收益基本面。無論就房價租金比或房價所得比來看，國內房價均有價超所值的泡沫化現象，此也是近年許多國家或地區的共同現象。此房價大幅上漲的現象，在美國量化寬鬆貨幣政策逐漸退場。加以國內政府 2010～2016 年一系列的選擇性信用管制、豪宅稅、實價登錄 1.0、房地合一稅制 1.0 等政策下，讓國內房價在 2016 年初至 2020 年上半年期間出現盤整與小幅下跌。

　　不過，2020 年上半年開始出現新冠疫情，嚴重衝擊全球經濟與貿

易。爲振興經濟而重啓量化寬鬆貨幣政策，使得前波房價受金融市場資金氾濫與低利率推升的再度重演，而在 2022 年初俄羅斯與烏克蘭爆發戰爭，導致能源與原物料價格大幅飆升。在高通貨膨脹預期與國內本身因營建勞力不足，營建成本大幅上升下，房價出現更進一步的飆升。即使政府在 2020 年底開始提出一系列的健全房市措施，包括央行的四波選擇性信用管制與兩波升息、內政部推動實價登錄 2.0 與平均地權條例修正草案，以及財政部的房地合一稅 2.0，均無法在短期發揮立竿見影的效果。

（三）高房價影響青年人居住安排與生育決策

　　根據聯合國爲統計用途的定義，將青年人（youth）界定爲 15～24 歲間的人口。[2] 但目前國際間仍缺乏一致性的定義，有認爲應將青年人的年齡提高至 30 歲，甚至亦有認爲應提高至 44 歲。若從家庭生命週期角度而言，可將青年人區分爲以下幾個類型：1. 在學青年；2. 單身青年；3. 已婚無小孩青年；4. 已婚有小孩青年。

　　在學青年無論居住在學校宿舍或在外租屋，其經濟來源大多來自於父母。若已自學校畢業而進入職場，由於在職場屬於剛起步階段，工作的穩定性較爲不足，薪資水準相對較低，住宅負擔能力也相對較低。在國內長期所得停滯不前而房價呈現倍數成長的環境下，要靠自己本身能力購屋相當困難，且在房價與物價上漲下，租金也會隨之逐漸攀升。因此，青年人若本身的經濟能力較爲不足，面對房價與租金均大幅上漲下，其居住選擇包括下列幾種方式：1. 繼續與父母同住（晚離巢、不離巢）；2. 與其他人合住；3. 勉強購屋，犧牲或延緩其他重要消費決策；4. 選擇租屋，但可能人租不起、租不好、或租不到。

　　「高房價」、「高自有率」、「高空屋率」可說是國內住宅市場不

2　參見 https://www.un.org/zh/global-issues/youth。

合理共存的 3 個現象，住宅市場中的投機炒作盛行是重要原因。陳怡伶（2013）認為國內住宅體系是奠基在自由市場之上，住宅過度商品化、政府不關心社會正義與低收入住宅問題、不合理稅制、及房屋交易價格不透明等因素，助長國內住宅市場的投機。吳亮賢（2022）指出根據巢運青年居住困境與政策調查發現[3]，中產青年高房價的三大困擾為房貸壓力太大（97.5%）、只能買小屋空間擁擠（97.2%）、房子買很遠通勤時間長（95.2%）。中產租屋青年三大困擾為：不可遷戶籍、不可領租金補貼、不可報稅（94.4%）；租金過高價格不穩定（90.4%）；租期不穩定或續約遭拒（86.7%）。整體而言，青年人在高房價下購屋將面臨長期的房貸壓力，且居住品質嚴重不佳，不是過小、過老、就是過遠。若選擇租屋，雖然不用揹負房貸成為屋奴，但現行租屋市場大多為地下化經營。因房東大多不願曝光，故房客在戶籍登記與租金補貼請領上往往有其困難，租金偏高且居住期間缺乏自主性亦是房客常須面對的困擾。

過去有不少文獻探討擁屋對青年人生育的影響，發現擁屋一方面能提供家戶較佳的居住品質與居住穩定性，對於生育率有正面影響。但在所得固定而房價與養兒育女成本均偏高下，家戶選擇購屋可能會排擠生育與養育相關支出的安排，進而減少生育子女數目，亦即擁屋對生育同時具有正反面的影響（Mulder, 2006）。部分文獻發現房價上漲會增加擁屋者的生育率，卻會降低租屋者的生育率，整體房價上漲對生育率的淨影響仍為正向，且房價變動對生育率的影響大於失業率（Dettling & Kearney, 2014）。

不過，不少文獻發現高房價對於生育率有負面影響。例如 Yi 和 Zhang（2010）發現房價對香港的生育率有顯著負向影響，當房價增加 1% 時總生育率會下降 0.45%，房價增值對香港生育率下降的解釋力約

3　該調查中的「中產青年」指年齡在 18～40 歲，年收入在 41～110 萬元之間的台灣青年。

65%。Liu 等學者（2020）發現高房價會降低女性的生育機率，且對於男嬰的出生率有明顯的負向影響，即高房價負擔改變已以往傳統中國社會較偏好男嬰的傾向。就國內本身的實證結果來看，多數文獻亦證實房價或房價負擔對生育率有負向影響的推論，即擁屋對生育會產生排擠效果（Lin et al., 2016; Lo, 2012；陳文意等，2013；林佩萱、張金鶚，2016）。此外，彭建文與蔡怡純（2012）發現住宅自有率、家戶所得、及有偶率在長期對生育率有正向影響，女性高等教育比率在長期則對生育率有負向影響；但短期對生育率影響較顯著的是家戶所得與女性高等教育比率，生育率與住宅自有率的短期關係不顯著。顯示政府若要提高生育率，短期要從提高青年人的所得與女性生育意願，長期則要改善高房價與負擔能力惡化問題。

三、國際對於高房價議題處理與青年照顧方式

（一）各國關心青年人的「居住權」更甚於「財產權」

國際上，其他國家面對青年人的居住問題，大多不會在政策上過度鼓勵青年人在房價高漲下勉強購屋。例如提供青年人優惠利率或高成數房貸，或在財產稅或所得稅上給予自住者優惠稅率，而會盡量保持住宅租買選擇的中立性，讓青年人無論透過購屋或租屋均能享受合理質量的居住服務。因為擁屋雖有一些優點，例如擁屋者的居住品質、居住穩定性、空間與裝潢調整自主性較高，且子女學習成績較高（Green & White, 1997; Haurin et al., 2002; Lien et al., 2008）。甚至因為「資本化效果」而使得擁屋者相較出租者更願意參與社區事務與改良，具有所謂的擁屋外部效益（Rossi & Weber, 1996; DiPasquale & Glaeser, 1999）。不過，過度擁屋亦產生許多的缺點。例如擁屋者將揹負龐大房貸形成屋奴、為產權而犧牲居住品質、降低居住移動性，且有文獻認為提升擁屋者子女學習成績的因素不是擁屋而是居住穩定性（Aaronson, 2000）。

此亦可透過健全住宅租賃市場達到相當效果，甚至因為擁屋降低就業人口隨工作遷徙的移動力，進一步提高失業率，且過度住宅投資亦可能造成郊區大量開發而形成都市蔓延（Voith, 1999）。因此，為解決青年人於高房價下的居住問題，除積極打擊投機炒作，抑制房價不合理上漲外，更要積極健全住宅租賃市場，並多軌併行。從需求面增加租金補貼、供給面鼓勵房東增加出租住宅供給，或直接增加社會住宅興辦數量。

（二）社會住宅為各國解決青年人居住問題的重要手段

在過去數十年以來，大多數國家均面臨房價大幅上漲而產生民眾居住負擔過重的問題。由政府提供或與民間合作提供一定數量的社會住宅存量，成為高房價下解決青年與其他弱勢族群的重要政策工具之一。就社會住宅的推動而言，社會住宅在不同的國家有不同名稱與運作模式，但其共通性是其提供不以獲利為目的、不能轉售獲利，以及價格可負擔。在部分西歐福利國家允許居民擁有社會住宅的永久居住權，而維也納更允許成年子女繼承社會住宅居住權，而合作住宅在德國與維也納等國家也被視為廣義的社會住宅之一。[4]此外，在法國和荷蘭，社會住宅是整個都市發展計畫的一部分，社會住宅開發不僅可以增加社會住宅存量，同時可結合公共設施、創業基地、及商業設施進行整體規劃與設計，改善都市的老舊窳陋地區，並同時促進經濟發展（陳怡伶等，2021）。

就亞洲國家而言，韓國在社會住宅的推動相當積極。社會住宅可說是一個受到跨黨派支持、不斷擴大規模的政策，故其社會住宅存量從 1980 年代末即不斷增加至超過百萬戶，占整體住宅存量超過 5%，

---

4 合作住宅是居民自主興建的住宅，透過合作社組織一起興建住宅和一起居住，國家也在中間給予土地和房屋貸款的協助。

並朝向 10% 的目標推動。為確保社會住宅政策能有效推展，韓國政府採取政府成立公法人的推動模式，其中韓國土地與住宅公社（Land and Housing Corporation）負責全國社會住宅興辦推動。首爾市政府也於 1989 年成立首爾住宅及社區公社（Seoul Housing & Communities Corporation），專門興辦首爾市的社會住宅（彭揚凱、詹竣傑，2017）。此外，新加坡的組屋政策（public housing）也是常被討論的住宅典範，但新加坡成功的組屋政策背後有相當強大的政府介入與公積金制度為其財務基礎。此可能非大多數國家可能達到的條件，故新加坡組屋經驗未必適用於多數國家。

（三）國內社會住宅仍在起步階段且數量嚴重不足

　　國內將社會住宅定義為只租不售且優先提供給弱勢族群居住的住宅，將社會住宅正式納入住宅體系，取代傳統國民住宅是在 2011 年 12 月 30 日「住宅法」於立法通過時。當時國內民眾對於社會住宅一詞相當陌生，且社會住宅因以協助經濟與社會弱勢族群為優先考量，許多民眾認為社會住宅可能會因居民屬性而造成附近治安不良。進而導致房價下跌，將社會住宅汙名化，故許多民眾將社會住宅視為「鄰避設施」。為能緩和社會住宅周邊民眾的反彈，政府採取混居策略，當時社會住宅保障給弱勢族群的比例僅 10%。其後在社會大眾再進一步了解社會住宅的本質與其軟硬體設施的經營管理後，漸漸較能接收社會住宅存在的必要性與正當性。「住宅法」又歷經 2017 年 1 月 11 日、2021 年 6 月 9 日 2 次修法，將社會住宅保障弱勢比例從 10% 分別提高至 30%、40%。此外，為能更積極興建與管理社會住宅，國內於 2018 年 2 月 14 日通過「國家住宅及都市更新中心設置條例」，並於 2018 年 8 月 1 日成立國家住宅及都市更新中心。不過，因公有土地取得相當不易，即使在蔡英文總統於 2016 年宣示八年將興辦 20 萬戶社會住宅下，國內目前社會住宅存量為 22,816 戶，僅占整體住宅存量 0.25%。

　　從國際經驗顯示，「保障居住權」是解決住宅問題的治本之道，其中只租不售的「社會住宅」是保障居住權的最重要手段之一。但在國內要興建社會住宅，若無法無償取得公有土地，在財務可行性上往往不足，且政府往往無法在所有具社會住宅需求地區取得適當的公有土地。所以社會住宅的興建數量相當有限，社會住宅的分布也集中在少數特定區位。此外，社會住宅的管理維護成本也相當高，而為協助弱勢族群，其租金水準又往往僅是市場租金的六至八成。在財務的自償性不足下，政府往往需要額外編列預算去補助，因此未來如何有更多元的社會住宅來源管道與更有效率的經營管理，成為重要的思考課題。

四、國內應有的政策目標與規劃理念

　　以往政府為解決民眾的居住問題曾提出「合宜住宅」政策，其中又以 2010 年起推動的板橋浮洲合宜住宅最具代表性。不過，政府將國有土地低價賣給建商，在增加容積率的重大誘因下，再以低於市價的方式出售給民眾，不但有圖利建商的問題，其所興建的住宅亦有安全與品質的疑慮。而協助民眾取得住宅產權而非居住權的作法，亦造成「想住的抽不到籤，抽到籤的可高價轉賣」的不合理現象，此與整體住宅政策的方向明顯不符。

　　內政部曾在 2015 年 5 月宣布將以國有地興建 2 萬戶「青年生活住宅」，並仿照新加坡「封閉式市場買賣」。青年住宅所有者只能在限定價格範圍內，轉賣給政府或相同資格者，避免成為炒房工具，但此項做法與合宜住宅在本質上相同。青年住宅「只售不租」的性質，不同於「只租不售」的社會住宅。可能造成有居住需求的青年人未必買得到，幸運買到者則可將其透過各種方式轉讓他人，照樣可以變相炒房。

　　前花蓮縣長傅崐萁其任內拍板、號稱全國首創的花蓮青年住宅，可視為近年地方政府透過自治條例，提供出售式住宅給青年人政策的發端。彰化縣政府在 2021 年推出青年住宅，選址伸港鄉，占地 6,464 坪，預

計興建地上九樓地下一樓建築，分四期開發總共 600 戶，申購人資格年齡限制為 20～45 歲，並需設籍彰化縣 2 年以上，戶內成員名下無自用住宅，且 5 年內不得出售、租賃。希望以優惠價格購屋的機會，吸引離鄉青年人回流或留在家鄉安居就業，而台東縣與南投縣政府目前亦正在推動青年住宅。不過，無論是以往的國民住宅、合宜住宅或是目前部分人口流失較嚴重縣市所推出的青年住宅，雖都有限制承購人資格，或限制一定期間不得出售或出租規定，但並無助於解決住宅最終淪為商品炒賣的問題。此外，在地方政府本身土地有限下，此作法也很難永續經營。

為解決青年人所面對的高房價困境，近年亦有人倡議政府應積極利用國有土地，以設定地上權方式興建地上權住宅（擁有土地地上權與建物所有權），協助青年人解決高房價問題，此倡議也獲得不少社會迴響。不過，以國有土地推動地上權方式仍有以下幾點問題：

首先，地上權住宅價格雖為一般市場價格的一定成數，但市場價格上漲亦會帶動地上權住宅上漲，政府若無法從根本面有效抑制住宅的投機炒作，避免房價不合理上漲，則地上權住宅亦無法解決青年人的居住問題。此外，從中國大陸經驗來看，地上權住宅因具有建物所有權，當土地使用權能獲得更長期的保障下，亦可能成為另一種投機標的。

其次，在政府住宅資源有限下，政府較務實的住宅政策是「住者適其屋」而非「住者有其屋」。地上權住宅某種程度上仍是以政府資源補助少數人擁有財產權，而非保障居住權，在政策推動的優先順序上應排序較後。政府應優先將有限住宅資源補助更需要協助的弱勢族群，解決其居住消費權，而非滿足少數人的財產權或投資權。

第三，由於政府適合用於地上權住宅的國有土地有限，有限國有土地除考量其成本是否有被低估問題外，亦會因少數人長期占用而缺乏流動性，其所衍生的公平性與效率性問題亦應加以重視。在國有土地相對有限下，更應將其優先興建只租不售的社會住宅。使其更具有效率性與

公平性，而非設定 50～70 年（甚至永久）地上權的住宅。

　　第四，從以往地上權國宅的經驗可發現，地上權住宅擁有者之後往往期望能取得土地所有權，進而透過各種管道迫使政府以低價出售土地所有權，此做法明顯違反當初興建地上權住宅的政策原意。

　　第五，要擁有「可負擔且好品質」、「長期且穩定」的居住環境，不一定要靠地上權住宅方式達成，建立住宅長期租賃制度應是更為合理且有效率的方式。美國或其他國家有許多由私人經營的長期租賃社區值得參考，此應是政府健全住宅租賃市場值得獎勵與引導的方向。

　　反之，社會住宅為政府直接興建或獎勵興辦，對初入社會而薪資不高的青年人而言，可滿足其階段性的居住需求，且相較賣斷式的青年住宅，社會住宅長期能嘉惠更多人，也無轉手炒作的問題。所謂「居住正義」應是讓民眾能擁有「可負擔且好品質」、「長期且穩定」的居住環境，而非過度強調住宅的所有權或投資權，且此應是長期且穩定的國家住宅政策目標，不應隨政黨輪替而有大幅的變動。若此政策目標未能被政府與全民有共識的確立，則任何打炒房措施所能發揮的功能將相當有限。

　　要落實居住正義，最重要的是健全國內住宅租賃市場，讓青年人不需被迫在高房價下勉強購屋，仍然能在可負擔的情況下獲得好品質的居住環境。然而，要達到上述的理想，中央政府與地方政府必須通力合作，善盡其職責，且需要完整且具體評估不同政策工具間之公平性與效率性，使不同政策工具間能以配套與互補方式發揮其政策效益。此外，政府必須清楚認知，若無法從根本面有效抑制住宅的投機炒作，增加再多的供給也滿足不了人為的供給短缺。

（一）政策目標

1. **降低不合理的房價與租金上漲**：積極打擊住宅投機炒作，健全市場機制以避免房價與租金不合理飆漲，降低青年人現在不買未來更買不起

的焦慮。

2. **透過租屋一樣可以住得安心有保障**：提升住宅租賃市場資訊透明、安全與品質，以及租賃雙方權利與義務公平性，讓青年人租得起、租得好、租得到。

3. **充分保障住宅租買選擇權利**：檢視現行住宅補貼之資源分配與稅賦誘因，使青年人無論透過購屋或租屋，均能獲得「可負擔且好品質」、「長期且穩定」的居住環境，降低青年人非買不可的壓力，提供青年人未來生涯發展基礎。

4. **整合住宅補貼方案以發揮綜效**：透過不同住宅補貼方案的盤點與整合，協助青年人順利解決在不同家庭生命週期可能遇到的居住問題，避免住宅負擔過重而排擠其他重大生活消費。

（二）規劃理念

1. **健全住宅市場機制**：透過市場機制之健全，讓大多數青年人可以透過本身經濟能力在市場上滿足其居住需求，減少政府住宅補助資源不足壓力。

2. **健全住宅租賃市場**：健全住宅租賃市場運作機制，並鼓勵長期專業經營的住宅租賃公司發展，改善國內現行以零星業餘屋主為主的租賃供給結構。使青年人無論透過租屋或購屋，均可獲得優質的居住環境與保障，避免因過度住宅消費而排擠其他重大消費。

3. **健全住宅租買選擇環境**：建立公平且有效率的住宅補助系統，以整合與配套方式提升青年人的住宅負擔能力，減少住宅租買轉換的障礙。使青年人能根據本身家庭生命週期的住宅需求與經濟能力，合理調整其住宅選擇。

4. **以都會區角度解決居住問題**：建立更便捷的大眾運輸網路與優惠票價，並解決就業過度集中問題，降低都會區內的通勤時間與成本，亦有助於舒緩青年人於都市居住大不易問題。

五、建議國內之推動策略與具體措施

　　整體而言，要解決國內高房價問題，必須自有住宅市場與住宅租賃市場雙軌並進，但若無法從根本面抑制住宅的投機炒作，租金終究會被房價所影響。就政府現有的打炒房政策而言，許多政策立意良善，但在執行上卻往往無法落實，如何能更明確且有效率執行相關健全房市措施，需要有更周延的制度化處理機制。

（一）推動策略

1. 確實掌握青年人的住宅需求質量與其未來可能變化。
2. 善用正確政策工具，整合可協助青年人的住宅與其他政策資源，以配套思考方式解決青年人居住問題。
3. 整合中央與地方有限住宅補貼資源，使其能更公平且有效率運用。
4. 開發新的政策工具，解決現有政策工具的不足。
5. 掌握現行住宅政策推動的限制與阻礙，並積極加以解決。

（二）具體措施

1. 健全住宅市場以減少不動產投資誘因與投機炒作

(1) 增加更多元投資工具以減少住宅過度投資

　　國內打炒房政策難以落實，除政策面的可能漏洞外，另一方面則是受限於政府本身的人力與資源有限，在執行上有其侷限。此外，由於國內住宅自有率高，且在投資工具相對有限下，許多家庭以房地產為主要投資工具，政府打房等於打到大多數家庭的財產或資產。故除少數完全未擁屋的租屋族外，所能獲得的支持相對有限。有必要重新思考打炒房政策的規劃，並有效增加更多創新的低風險長期投資工具。例如推動不動產證券化、不動產投資權與消費權分離（HAPN），引導市場投資熱錢的流向，避免資金過度流入房地產市場。

(2) 檢討不動產稅相關制以減少住宅投資誘因

　　國人偏愛住宅與不動產投資，除其保值性強外，政府相關政策過度鼓勵擁屋亦是重要因素。近年有關不動產稅制的檢討與改進，大多偏向移轉稅，例如短期交易不論賺賠均需課徵的奢侈稅或短期高稅率房地合一所得稅。但偏重課徵移轉稅或資本利得稅的作法在不動產價格飆漲時期，往往產生轉嫁效果，反而更進一步堆高房價，難以達到抑制房價的效果。反之，提高持有稅，例如地價稅與房屋稅（含囤房稅）的作法則較不被重視。雖有部分縣市採取囤房稅的措施，針對擁有多戶住宅的屋主課徵較高的房屋稅率，例如台北市、桃園市、新竹縣、新竹市、台中市、台南市及高雄市。但因稅基嚴重偏離市價導致有效稅率偏低，且各縣市均單獨進行而未進行全國總歸戶。加以關鍵的地價稅未同時提高，使得地方政府雖可增加部分的房屋稅收，但對於囤房現象的改善則相當有限。亦即，要落實平均地權漲價歸公的理想，不動產稅制的檢討應同時考量持有稅與移轉稅。透過合理且有效的稅制配套設計，將現行嚴重偏低的不動產有效稅率提高（例如實施房地合一持有稅制）。藉以促進不動產有效利用與健全地方財政，並引導資金與資訊進行更合理的配置。

　　此外，現行所得稅制有關自用住宅優惠與租金收入亦建議加以檢討。目前所得稅制對於購置自有住宅每年有 30 萬元的購屋貸款利息扣除額，租金支出僅有 12 萬元的抵扣額，兩者的扣除額差異建議可以縮減，甚至應相等。此外，有關租金收入部分是採用列舉扣除額或標準扣除額擇一。為能鼓勵更多屋主願意將閒置或低度利用的住宅出租，建議可以透過鼓勵屋主增加投資與改善租屋環境方式（例如加速建築物與設備折舊），提高標準扣除額的比率，增加其出租誘因。當住宅租賃市場的供給增加，除可增加租屋者的選擇外，亦可達到以量制價的功能，使租金更為合理。

(3) 政府土地標售制度應避免帶動地價上漲

　　政府進行大規模的整體開發對於都市發展有相當助益，但無論透過市地重劃或區段徵收均須面對財務可行性，而必須進行大規模的土地標售。除在整體開發期間可能引發的土地投機炒作外，政府的土地標售也往往進一步帶動附近不動產價格的上漲。因此，未來在進行土地整體開發過程中政府應有減少投機炒作與落實漲價歸公的有效機制，有關土地標售的方式亦應合理加以檢討與改進，避免產生負面的外部性。

(4) 更嚴格規範住宅預售制度以減少交易糾紛

　　住宅預售制度雖有增加交易雙方財務與規劃設計彈性的優點，但也有增加投機炒作與交易糾紛的風險。目前國內住宅市場以先售後建的預售交易為多數，僅有非常少數為先建後售。有鑑於國內住宅預售市場漸漸從以往的利多於弊走向弊多於利，故實在有必要加以檢討。建議未來除少數優質建商可採用預售制度外，原則上應以先建後售為主。如此可減少住宅的投機炒作，並增加住宅交易安全與減少品質落差。

2. 掌握不同族群住宅需求以正確評估所需資源數量與補助方式

(1) 更精準掌握青年人住宅需求問題與數量

　　目前國內住宅自有率相當高，且不少家庭擁有一戶以上的住宅。在嚴重少子化趨勢下，未來可能有相當比例的青年人可能不需要透過購買方式來解決其居住問題。在政府積極解決不同族群的住宅需求問題時，建議應更具體掌握實際的需求數量，避免資源的誤置與浪費。

(2) 掌握不同政策工具優缺點以配套互補方式解決青年人居住問題

　　目前國內有關弱勢族群的住宅補貼以租金補貼、社會住宅（政府直接興建與包租代管）為主，不同的政策工具間各有其優缺點與較為合適的協助對象。但現行政策對於不同政策工具間的連結性相對有限，有必要重先加以檢討，以提升其效率性與公平性。亦即，為避免有限的住宅補貼資源長期被少數特定族群占用而影響公平性，政府應更積極協助被

補貼者能改善的經濟能力，提升住宅補貼資源的流動性。因此，政府除
積極提供青年人更多的住宅協助外，更應注重青年人的長期的居住歷程
規劃，使青年人能在不同的居住階梯能順利銜接。如此可使青年人在政
府協助下逐步有能力回歸市場，並使有限的住宅資源更有流動性與有效
率運用。

(3) 以都會區角度加強跨縣市合作以共同解決居住問題

　　國內各縣市的住宅負擔能力普遍呈現不易合理負擔狀況，但從都會
區角度思考仍可發現都市周邊仍有一些縣市房價仍屬於可負擔範圍內。
例如，台北都會區的基隆市、台中都會區的雲林縣、南高都會區的嘉義
縣、嘉義市、及屏東縣。除增加這些縣市本身的就業工作機會外，如何
建構更便捷的都會區大眾運輸系統，降低通時間與勤成本也是可思考的
解決方向。

3. 健全住宅租賃市場以提供公平合理且長期穩定的居住選擇

(1) 提供青年人更完整、健全、即時的住宅資訊

　　現行國內住宅市場的資訊相當多元，但也同時相當複雜且混淆。
青年人初入社會除本身的負擔能力不足外，雖有資訊搜尋的能力，但未
必具有良好的經驗據足以判斷與正確決策。建議政府除提供青年人更完
整、健全、且即時的住宅資訊外，可以提供製作一系列的教學影片協助
判斷外，若有必要可提供額外的專業的諮詢服務。此外，目前住宅租賃
資訊被排除在實價登錄制度以外，未來應盡速將其納入。使買賣與租賃
資訊均能完整、正確、即時被登錄，以利青年人的住宅租買選擇。

(2) 提升租賃住宅的安全、品質、居住期間自主性

　　現行國內房東以零星個別屋主為主，大多欠缺專業的租賃管理服
務。加以國內住宅租賃市場大多走入地下化發展，政府對於租賃住宅的
安全與品質較難掌控與管理，房東與房客之間常因彼此的權利與義務未
清楚界定而產生租賃糾紛。此除造成彼此的交易保障不足外，也嚴重影

響居住服務品質，有必要全面性進行清查與列管。更重要的是，能使住宅租賃朝向產業化與專業化發展，讓租賃市場的軟硬體服務能大幅提升，使房客在居住期間與居住品質能有更大的自主性與選擇彈性。

(3) 閒置公有資產的有效活化利用

在少子化趨勢下，目前有不少的公有資產出現閒置現象，尤其是學校空間，此部分建議可善加利用作為青年住宅或創新基地。

4. 積極協助青年正確規劃其未來居住安排

在嚴重的少子化趨勢下，除現有青年人的居住安排問題外，托兒與托老問題亦應配套思考與解決。若青年人願意與父母同住，此可舒緩青年人的居住與子女照顧問題，同時也可以解決老年人的安養問題，政策上應可加以鼓勵。若考量到三代同住一屋簷下可能產生的隱私性與觀念衝突問題，三代同鄰亦是值得鼓勵發展的方向。亦即，青年人可先承租父母附近的房屋，彼此能保持良好的代間互動與相互協助，未來再繼承父母的房屋，此應是值得鼓勵的模式與方向。不過，現實的就業環境具有高空間流動特性，居住環境往往與就業環境非屬同一個生活圈，無法滿足居住與就業環境相符的期待，代表上述模式僅能解決部分青年人的居住安排。因此，建議政府可要求聘僱青年人的企業投入更多資源協助解決青年人居住問題，或透過與企業、非營利組織共同合作方式提供年輕人更多居住協助。

六、未來可能的挑戰與展望

（一）挑戰

青年人居住問題的核心在於高房價，在房價高漲下房租也隨之上升。而造成房價不斷推升的背後原因相當複雜，有經濟面的所得與財富因素、金融面的貸款條件因素寬鬆（利率、成數、期限、寬限期……）、資金氾濫、投資工具有限因素、社會面的傳統文化與價值

觀因素，以及公私部門投資與預期因素，此也造成高房價問題的解決相當困難。爲健全住宅市場，以往政府從資訊、住宅補貼、稅制改革、及金融控管等方面推動許多健全措施，但所能發揮的功能仍相對有限，主要是因爲有下列挑戰：

1. 打炒房政策如何獲得廣大民意支持：在國內八至九成的高住宅自有率下，即使民眾購屋目的不爲炒房，民眾仍是相當樂見房價上漲所造成的住宅資產增值。甚至若本身住宅不增值或增值幅度相對較小，也會造成未來無力換屋的問題。更何況是在國內投資工具長期相對不足下，許多民眾將購屋視爲最主要的投資保值工具，甚至許多人會提前爲子女購置住宅。在政府大力打擊投資客的同時，也會造成一般民眾資產價值的大幅縮水。在政府無法有效區別自住者與投資客（或投機客）下，打炒房的正義大旗未必能得到社會的廣大正面迴響。

2. 不同部會間的分工與合作：健全房市的各項政策或措施往往分屬於不同部會權責，不同政策間的推動方向與力道是否能充分完整配套？若政策規劃涉及立法或修法，往往可能出現時間落差，且法制化過程可能影響不同團體的利益，往往不是無法順利通過，就是太多妥協而失去原有政策功能。

3. 中央與地方政府的分工合作：中央與地方政府可能因分屬不同政黨，彼此間的協調與分工未必順暢，且國內不同黨派或團體間對於居住正義或有共識，但對於居住正義的詮釋與落實方式則有相當差異。

4. 政策推動應治標或治本的選擇：國內房地產市場的扭曲與不健全是長期累積的結果，到底健全房市政策的推動要治標或治本？中央與地方政府的政黨輪替，是否影響住宅政策之穩定性？不同政策工具之間如何配套規劃與執行？此外，在中央與地方財政日益困難下，如何有效結合民間與政府部門以增加更多住宅資源，並透過有效率的管理機制以增加資源運用效率與公平性，亦是未來政策推動應面對的挑戰。

　　亦即，要健全住宅購買與租賃市場以解決青年面對高房價問題，政策推動是否能針對核心住宅問題，提出對應可行的解決策略，且無論中央與地方政府在推動過程中能確實加以落實，這些均是必須面對的挑戰。

（二）展望

1. **建立居住正義共識**：為避免社會對居住正義的錯誤解讀與認知，建議政府應建立各界對於居住正義的正確闡釋，以及落實居住正義方式之優先順序共識。

2. **治本更重於治標**：高房價問題長期無法解決主要原因在於以往政策受限於政治現實。偏重於治標而無法治本，無法從制度面進行全盤的檢討與調整。透過健全市場機制從根本面加以解決問題，避免淪入頭痛醫頭，腳痛醫腳的困境。

3. **健全分工合作機制**：建議行政院應扮演更好的政策整合角色，充分發揮整合中央各部門、中央與地方政府、跨黨派，以及跨縣市的溝通協調與分工角色。

4. **善用民間與學界資源**：建議政府能充分發揮產官學之相互合作與監督角色，使住宅相關重大改革方案能在功能與時機上順利通過法制程序，順利加以執行落實。

5. **健全不動產稅制**：不動產稅制應有結構性的調整，以往「重移轉稅而輕持有稅」的作法應轉變為「持有稅與移轉稅並重」，將持有稅的有效稅率提升方能促進不動產的有效利用與資源流動，減少目前大量土地與住宅的空置或低度利用問題，充分落實保障自住與自用，打擊投機炒作的功能。

6. **改變租賃市場供給結構**：國內住宅租賃市場要健全，最重要的是改變供給結構，除鼓勵大型企業願意投資住宅租賃產業外，將現行零星、非專業化經營房東轉變為「小屋主、大房東」的長期專業經營模式。

使國內住宅租賃環境的實質品質與法律保障更為健全，提供青年人擁屋外的合理替代選擇，降低非買不可的壓力。

7. 整合住宅補助以成功協助脫貧：青年人居住問題以所得不足、負擔能力偏低為主，在考量青年人的就業流動性、減少就業通勤距離，以及住宅租賃市場可能的居住歧視等問題後，最合適的解決方式是租金補貼。建議政府針對租金補貼的數量與額度有更合理的規劃，並能整合不同住宅補助方式以建立有效脫貧機制，使資源更有效率利用。

8. 社會住宅應優先於地上權住宅：利用國有土地推動地上權住宅的優先性應在社會住宅之後，當前應更積極找尋更多適合興建的國有土地來增加社會住宅的存量，並透過有效率與公平的機制。使有限住宅資源發揮最大效益，協助青年與各類型弱勢團體以解決其居住問題。

參考文獻

1. 何榮幸（2015）。〈青年住宅政策改喊停了！〉。《天下雜誌》，573 期，2015/5/26。

2. 伊慶春（2014）。〈台灣家庭代間關係的持續與改變：資源與規範的交互作用〉。《社會學研究》，3：189-215。

3. 林佩萱、張金鶚（2016）。〈沒有房子不生孩子？買了房子不敢生孩子？購屋對家戶婚後生育時間影響之研究〉。《臺灣社會學刊》，59：93-138。

4. 吳亮賢（2022）。〈無殼蝸牛近 5 年 2.7% 買房巢運批總統：房市三箭射垮青年〉。《聯合報》，2022/5/20。

5. 卓輝華（2019）。〈人口與房市結構轉折下的住宅政策方向〉。《高齡少子化現象對醫療體系與住宅市場之影響》（頁 159-170）。台北：財團法人中技社。

6. 經濟日報（2022）。〈高房價壓垮青年這五年只有 2.7% 人買得起房〉。《經濟日報》，2022/5/20。

7. 國家發展委員會（2022）。〈中華民國人口推估（2022 年至 2070 年〉，2022 年 8 月。

8. 陳文意、周美伶、林玉惠、陳明吉（2013）。〈抑制房價以提高生育率：以台北都會區為例〉。《都市與計畫》，40（2）：191-216。

9. 陳怡伶（2013）。〈臺灣的住宅體系自由市場和住宅商品化下的居住危機〉。《國際城市規劃》，28（4）：10-17。

10. 陳怡伶、傅偉哲、曾秩驊、沈孟穎、于欣可、林毅誠、廖廷輝（2021）。〈臺灣住宅體系的結構性調整之道：寫於社會住宅運動十周年（一、二）〉，《巷子口社會學》，https://twstreetcorner.org/2021/11/09/social-housing/。

11. 陳淑美、林佩萱（2010）。〈親子世代的財務支援、照顧需求對老人居住安排與生活滿意度影響之研究〉。《住宅學報》，19（1）：29-58。

12. 楊文山（2009）。〈臺灣地區家戶組成變遷與家人關係〉。《人文與社會科學簡訊》，10（2）：20-27。

13. 彭建文、蔡怡純（2017）。〈人口結構變遷對房價影響分析〉。《經濟論文叢刊》，45（1）：163-192。

14. 彭揚凱、詹竣傑（2017）。〈首爾的社會住宅這樣蓋，台灣「住都中心」快參考〉。《獨立評論》，2017/10/23。

15. 關鍵評論（2021）。〈檢視彰化縣「青年住宅」政策（上）：選址伸港，真能吸引離鄉青年回流安居嗎？〉。《城鄉》，2021/09/29。

16. 關鍵評論（2021）。〈檢視彰化縣「青年住宅」政策（下）：出售式青年住宅，會不會被信託賣掉，或變成租屋轉手？〉。《城鄉》，2021/09/30。

17. Aaronson, D. (2000). A Note on the Benefits of Homeownership. *Journal of Urban Economics,* 47(3): 356-369.

18. Chen, Y., Gibb, K., Leishman, C., & Wright, R. (2012). The Impact of

Population Ageing on House Prices: A Micro-Simulation Approach. *Scottish Journal of Political Economy*, 59(5): 523-542.

19. Dettling, L. J., & Kearney, M. S. (2014). House Prices and Birth Rates: The Impact of the Real Estate Market on the Decision to Have a Baby. *Journal of Public Economics*, 110(C): 82-100.

20. DiPasquale, D., & Glaeser, E. (1999). Incentive and Social Capital: are Homeowners Better Citizens? *Journal of Urban Economics*, 45(2): 354-384.

21. Green, R. K., & White, M. J. (1997). Measuring the Benefits of Homeowning: Effects on Children. *Journal of Urban Economics*, 41(3): 441-461.

22. Haurin, D. R., Parcel ,T. L., & Haurin, R. J. (2002). Does Homeownership Affect Child Outcomes? *Real Estate Economics*, 30(4): 635-666.

23. Lien, H. M., Wu, W. C., & Lin , C. C. (2008). New Evidence on the Link Between Housing Environment and Children's Educational Attainments. *Journal of Urban Economics*, 64(2): 408-421.

24. Lin, P. S., Chang, C. O., & T. F. Sing. (2016). Do Housing Options Affect Child Birth Decisions? Evidence from Taiwan. *Urban Studies*, 53(16): 1-20.

25. Liu, J., Xing, C., & Zhang, Q. (2020). House Price, Fertility Rates, and Reproductive Intentions. *China Economic Review*, 62 (August), http://doi.org/10.1016/j.chieco.2020.101496.

26. Lo, K. T. (2012). The Crowding-Out Effect of Homeownership on Fertility. *Journal of Family and Economic Issues*, 33(1): 108-117.

27. Mulder, C. H. (2006). Population and Housing: A Two-Sided Relationship. *Demographic Research*, 15: 401-412.

28. Rossi, P. H., & Weber, E. (1996). The Social Benefits of Homeownership: Empirical Evidence from National Surveys. *Housing Policy Debate*, 7: 1-35.

29. Voith, R. (1999). Does the Federal Tax Treatment of Housing Affect

the Pattern of Metropolitan Development. *Federal Reserve Bank of Philadelphia Business Review*, March/April: 3-16.

30. Yi, J., & Zhang, J. (2010). The Effect of House Price on Fertility: Evidence from Hong Kong. *Economic Inquiry*, 48(3): 635-650.

Chapter 3

青年別躺平？！有序養成就業能力，合理薪資報酬分配

張家春

一、前言

（一）經濟全球化下青年的困境

青年低薪是在全球化下，世界各國普遍受到重視的課題。國際勞工組織在 2020 年出版的青年就業趨勢中指出：由於自動化及許多職業培訓所關注範圍狹窄，以及缺乏與訓後資格相匹配的工作，年輕人在勞動力市場上面臨著不確定的未來。另根據同時期日內瓦國際勞工組織新聞指出：目前未就業、未接受教育或培訓的尼特族（Not under employment, education, or training, NEET）年輕人數量正在上升。更值得注意的是，年輕女性受到影響的可能性是男性的兩倍多。OECD 國家的就業數據顯示，青年失業率自 2000 年以後都維持在令人擔心的高水準。圖 3-1 顯示，1991 年 OECD 國家的青年失業率已有 10.67%，爾後逐年增加到 2021 年高達 17.89%。甚至連所謂就業中的青年，亦處於不安全、不穩定的就業位置中。因為自 1991～2021 年的 20 年間，年增失業為正數的年份數遠大於減少失業的年數，顯示就業市場中青年工作的高度不穩定情形。

青年就業不穩定，一方面對青年經濟安全有影響，二方面也有礙於青年的心理與社會認同。進而對社會安定產生威脅，成為各國政府必須面對的重要議題。低薪的世代影響正受到全球先進國家重視，年輕人

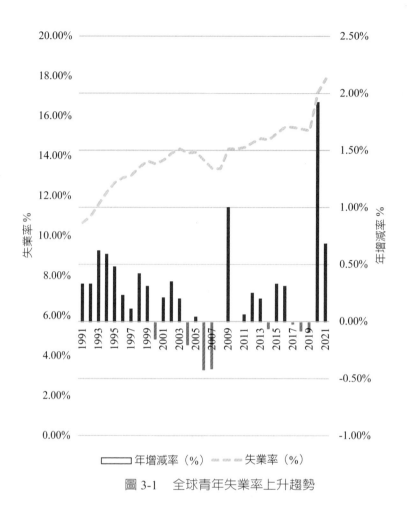

圖 3-1　全球青年失業率上升趨勢

處於工作貧窮（青年低薪）生活時，其對應方式會產生不努力、不充實自我、甚至不工作的現象。因為努力及充實自我成為高風險低報酬的投資，結果就造成年輕人的能力及工作意願下降。更嚴重的是，青年選擇不生育做為應對的手段。即使父母有能力也有意願經援他們養育子女，年輕人還是選擇不婚、晚婚及不生育，這已造成我國超低生育率的後果。低生育率也會打擊內需，造成惡性循環，更加重了人口老化問題，從而使得社會安全制度崩解。

在台灣，青年低薪問題一直是國人關切議題，每每也成為政治選舉熱門的政策訴求。青年是國家的未來生產力的主要構成，生產力的形成需要時間有序的培養提升。青年在人生生涯的初期不能有效地發揮才智及能力而落入惶惶的低薪階層，不但是個人的不幸，更容易造成青年怯志而落入尼特族。根據學者以 LIS（Luxembourg Income Study）數據，並依工作貧窮的定義「家戶的可支配所得低於中位數所得的 60%」推估，台灣的工作貧窮比例 2010 年和 2013 年分別為 10.51% 和 8.6%。進一步就年齡的分組進行分析，可發現青年與中高齡的就業者有較高的比例成為低薪工作者。15〜24 歲的青年中約 23.1% 屬低薪工作者，是所有年齡組別中的次高者，僅次於 65 歲以上就業者的低薪工作比例的 35.3%。青年低薪工作者大部分薪資必須花費在生活費用上，幾乎沒有可做為提升未來工作能力的教育訓練費用。2021 年主計處公布全國勞工全年薪資中位數是 49.8 萬元，平均月薪 4.15 萬元。其中藝術娛樂、休閒服務、餐飲住宿、教育業及其他服務業待遇最差，均未達 40 萬元，顯示服務業低薪嚴重，這也是青年低薪的主要產業。

（二）解決青年低薪是國家安全政策

政府責無旁貸必須解決青年低薪問題，至少有下列 5 點涉及五層面的問題，而突顯了此一課題的重要：1. 一旦青年無法順利進入勞動市場成為青貧族，將被摒棄於國家勞動保險制度之外。因為勞動保險是基於就業取得福利資格權及累積風險保障資源原則以納保，青年不穩定的工作或非正式工作將使其被排除在制度之外。這也深深影響我國勞動年金制度的永續經營的基礎，影響整體社會保險制度的總體運作；2. 青年如退出勞動市場或怯志或淪於非正式勞動，就原本青壯年應該是國家的主要財政負擔者而言，反將成為國家財政損失而影響國家發展，更可能成為社福的負擔；3. 青年未能就業於勞動市場，將影響到青年人的身分認同。若一旦成為怯志者或長期失業者，恐更成為福利依賴者或底層階

級，進而形成社會分層與貧窮階級意識；4. 若社會分層衍生為仇恨，將影響社會治安與基本的社會秩序；5. 青年失業助長 M 型社會及 L 型社會的分配不公，更可能形成貧窮的世代遺傳，錯亂人們對進取、責任與公義的認知。

（三）未來產業發展政策須涵蓋青年勞動需求

從圖 3-2 產業結構的變遷來看，台灣工業及 ICT 產業的 GDP 占比從 1993 年的 29.53%，逐步升高為 2021 年 61.73%。相反地，服務業占比卻從 67.87% 一直降為 58.21%。尤有甚者，服務業就業人口比重還越來越高於製造業。顯見服務業對比製造業的生產力落差一直擴大。從產業別分析，2021 年工業成長 6.11%，服務業僅成長 1.18%。但服務業人力占就業總人口 58.1%，工業反而只占 37.1%。服務業從業人員最多，

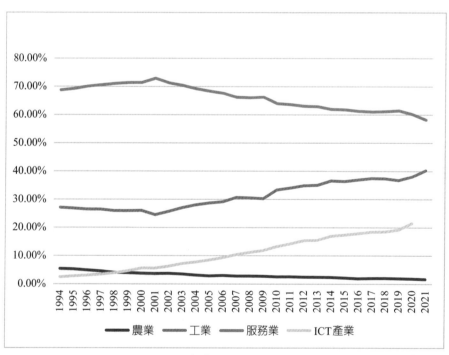

圖 3-2　產業別占 GDP 百分比

但生產力不升反降。服務業不振，低薪問題永遠無解，政府必須重視服務業生產力衰退問題。2021 年青年就業者以從事製造業 47 萬人，批發及零售業 37.5 萬人，住宿及餐飲業 26.2 萬人。與 10 年前相比，青年就業人數以住宿及餐飲業增加 5.5 萬人最多，製造業則減少 23.1 萬人，服務業用人朝向低薪化發展加重了青年低薪的結構性問題。服務業又以中小企業居多，鮮少具有國際級規模，服務對象多以國內消費者為主，客源有限下，易淪於削價惡性競爭，難以擺脫低報酬及低薪的窘境。

就服務業發展現況分析，在人口快速老化又朝向超高齡社會發展的今日，照護產業理應受到重視。在 2018 年，台灣 65 歲以上老年人口占總人口比率於 3 月底達到 14.05%，達到世界衛生組織定義的「高齡社會」定義。政府為了因應超高齡社會的照護需求，積極推動長照產業。但因從業人員低薪，只好找外勞從事照護工作。長照產業未能為青年創造符合人口結構變動的高薪工作，引導長照產業的資本投資以創造高產值青年就業機會，已是超高齡社會所迫切待解決的問題。金融服務業亦欠缺國際競爭力，如果不能加速推動金融改革，注入科技金融、數位金融，整併過多的銀行、保險、證券業，降低惡性競爭，難以有效提升金融業國際競爭力，也造成金融服務業薪資難以提高的就業環境。在上述的產業困境下，期待傳統服務業青年從業人員能夠領到合理薪資，相當困難，而優秀人才亦不願投身於傳統服務產業，造成惡性循環。此外，台灣現在積極推動 AI、IoT、雲端技術，如何透過 ICT 通訊發達的平台經濟將台灣特色的服務業向國際行銷，邁向智慧醫療、智慧城鄉、智慧長照、智慧觀光旅遊、智慧服務的行業，徹底改造服務業，提升服務業產值，從而提高就業青年薪資是當前政府及業界共同的努力方向。

二、國內現況分析

從 2016 年起，基本工資已連續調漲七次，2023 年 1 月 1 日起基本月薪調高 4.56% 到 2 萬 6,400 元，時薪也上調至 176 元，受惠勞工估

計達 232 萬多名。立法院預算中心報告也指出，2012～2021 年近 10 年來，我國受僱者經常收入逐年增加，2021 年全時受僱者主要工作經常性收入（不含非經常性獎金、紅利等收入）平均爲 4 萬 1,319 元（年增 2.18%），但青年族群收入未滿 3 萬元者以下爲 35.9%，未滿 3.5 萬元者則達 62.51%，我國青年多仍屬低薪族群。對照 2021 年的非典型工作者計 79.7 萬人，其中以 15～24 歲的青年所占比例最高爲 19.46%。

（一）產業結構變遷，服務業難脫低薪窘境

從產業結構的變遷來看就業人口變化，台灣的產業結構轉型依資本投入的密集度粗分爲四大階段：從 1982～2020 年間區隔爲 4 個發展時期：

1. 第一段期間爲勞動密集階段，約 1980～1987 年間，此期間製造業實質生產毛額年平均成長率逾 10%。

2. 第二個階段爲轉向資本密集時期，自 1987 年製造業占全體產業生產毛額的比率達 40% 起到 1997 年製造業成長趨緩而服務業產值占比開始明顯成長爲止的時期。

3. 第三階段則以金融保險工商服務業爲成長動力主要的時期，此時期政府大力推動金融保險相關市場開放與自由化，約爲 1990～1997 年間。此時期金融保險業平均每年成長超過 11%，對經濟成長之貢獻平均每年達 2.16 個百分點。金融保險產業占全體產業生產毛額比率，亦由 1988 年的 18.34% 遞增至 1997 年的 24.58%。

4. 第四個階段則以 2000 年以後知識密集及數位經濟發展爲主，在金融業務過度競爭下，金融保險工商服務業成長轉緩，年平均成長率降至 3.65%。1998～2000 年間，電信自由化及電信科技快速進步、電信商品多元化發展，以及政府推動亞太營運中心計畫的帶動下，運輸倉儲及通信業巨幅成長，年平均成長率達 12.82%，成爲接棒帶動服務業成長。此時期服務業就業人口比例由 2003 年的 57.24% 逐步成長至

2021 年的 59.81%。

　　2000 年迄今資通訊產業為主要動力背景下，產業結構迅速轉型為知識密集及數位平台為重要內涵的經濟發展特質。我們不得不注意的是，同時期製造業的就業人口占總就業人口比例也是不斷的下滑。從 2017 年的 26.8% 下滑至 2021 年的 26.37%，服務業的就業人口占總就業人口比例從 2017 年的 39.56% 上升至 2021 年的 40.48%。台灣製造業的 GDP 占比從 2000 年的 19.8%，逐步升高為 2021 年 35.76%。相反地，服務業占比卻從 71.44% 一直降為 58.24%。更值得一說的是，製造業中沒有其他產業可超越目前半導體的地位，也就是半導體對於國內 GDP、民間投資、出口、附加價值、供應鏈拉抬效果等都有著最大比例的貢獻。2019 年台灣半導體產業附加價值占台灣 GDP 比重達 7.9%，台積電 2020 年資本支出高達 160～170 億美元。只此一家公司就占國內民間投資比例的 14%，貢獻 GDP 比例超過 6%。若加總其他半導體廠，投資比例占比則超過 15%，貢獻 GDP 比例超過 10%。但是專業、科學及技術服務業的就業人口占總就業人口比例從 2017 年的 3.29% 僅微幅上升至 2021 年的 3.40%。科技產業用人少，但卻是經濟發展政策所側重。科技產業的一枝獨秀，難挽服務產業多數青年面對低薪的現實環境。國內知名人力銀行 2022 年 10 月發布近 2 年求職會員薪資統計，研究之 63 個產業整體的平均月薪為 4 萬 3,570 元，較 2021 年微增 3.74%。但其中有 41 個產業的平均月薪低於全體平均線，只有 22 個產業高於均線，且集中於半導體、軟體網路、電信通訊及金融業等。低薪產業高達三分之二，難怪非理工科年輕人感受低薪特別深。

（二）青年薪資調整相對困難，高學歷未能扭轉態勢

　　我國人力運用調查報告顯示，國內 20～24 歲勞工，25～29 歲勞工及全體勞工平均名目薪資總體而言，1996～2020 年間呈現上升趨勢。細究其中 20～24 歲、25～29 歲青年勞工的名目薪資在 1996～1999 年

間呈現逐年上升，但 2000 年起卻呈逐年下降。25～29 歲青年勞工名目薪資直到 2013 年才恢復上升高於 1999 年的水準，20～24 歲勞工直到 2014 年才會回升到 1999 年的水準。青年勞工名目薪資於 2000 年到 2014 年間呈現停滯或負增長現象，而全體勞工名目平均薪資與青年勞工相同於 2000 年到 2004 年呈負成長，2006 年就轉為正成長。2009 年金融海嘯之後呈負成長，2010 年後呈成長力道強，隨即突破 2000 年的水準。顯現青年勞工的薪資恢復成長時間還是落後於整體的勞工。但是如果經平準物價上漲率之後換算的實質薪資，則不論整體勞工或青年勞工的實質薪資皆低於 1999 年的水準。

台灣更存在學用落差的問題。行政院主計總處 2021 統計資料顯示，青年失業人數 20.4 萬人，失業率 8.8%，較 2020 年上升 0.2 個百分點，高於全體之 4%。自 2011 年以來，大學以上學歷的勞動人口失業率都比專科畢業及高職畢業者為高。以 2021 年為例，大學以上畢業的勞動人口失業率為 10.26%、高職畢業為 7.0%、專科畢業為 4.90%。這種「高學歷、高失業」的現象常被簡化為高等教育學用落差的結果。普遍認為造成此種學用落差的主因是廣設大學造成畢業生人數大量增加，導致產業與人力結構失調，被認為是高等教育學用落差的主因，失業率僅是學用落差的表象。學用落差的意涵是指，學生在學校所學到的知能不能滿足產業工作需要。反映在主計處的人力運用調查則是業界進用人力供需求與青年求職的工作職務間的落差現象。例如有高薪資的水電工及家庭用工等的職缺，卻因志不在此的教育養成背景少有年輕人願意投入該等工作的情形。據研究結果顯示，大學畢業青年重視學以致用、薪資高低、工作環境及工作未來成長的願景，而非僅單純有份工作而已。又根據遠見雜誌 2018 年的調查上班族：「工作與學校所學是否學以致用」的問題，結果有高達 55.4% 的上班族認為，第一份工作無法學以致用；若僅看現職，仍有 54.8% 從事和當年大學所學非相關的行業。該調查受調者平均年資為 8.3 年，意謂上班族並不會因為工作多年，就能慢慢

找到學以致用的工作。更只有 44.6% 的技職體系出爐的上班族在第一份工作時能學以致用，還低於普大的 46.4%，顛覆了大眾「技職學校較接職場地氣」的印象。這顯示，我國高中職及大專畢業後的職業訓練顯得重要。近年青年失業率一直高於整體失業率約 2.8 倍，勞動部職類別薪資調查報告顯示專科大學畢業起薪於 1996～2000 年之間呈現成長，到了 2003 年卻轉為衰退，至此以後就呈現停滯狀況。直到 2016 年，專科及大學畢業青年勞工的起薪才回到 2000 年的水準。自此以後薪資增長近乎停滯。

（三）低薪造成青年晚婚、不婚，人口結構更形惡化

在人口結構方面，我國自 1993 年進入高齡化社會，於 2018 年轉為高齡社會，並預估於 2025 年成為超高齡社會。老年人口數快速增加，預估於 2027 年突破 500 萬人，且年齡結構快速高齡化。2020 年超高齡（85 歲以上）人口占老年人口 10.7%，2070 年增長至 27.4%。年輕族群低薪就會影響婚育，進而使少子化問題惡化，2001 年國內男性平均初婚年齡為 30.8 歲、女性 26.4 歲。到了 2020 年，國內男性平均初婚年齡 32.3 歲，女性平均初婚年齡則為 30.3 歲。也就是說時隔 20 年，國內男性平均初婚年齡延後了 1.5 歲，女性則是更大幅地延後了 3.9 歲之多。根據內政部戶政司統計，2020 年國內結婚 12 萬 1,702 對，為近 10 年最低、史上次低（僅次於 2009 年爆發金融海嘯次年結婚 11 萬 6,392 對）。但 2021 年截至 11 月底統計，國內結婚對數僅 10 萬 1,475 對，其中異性婚姻甚至只有 9 萬 9,842 對。台灣出現了「厭世代」及所謂的「躺平族」，再再都反映出社會中青年對生涯的茫然，反映出面對青年低薪卻不是僅僅提高基本工資就可以解決。

（四）當前青年就業政策，多元卻無系統

檢視國內現有的協助青年就業政策，勞動部為鼓勵青年積極就

業、強化職場能力及減輕經濟壓力，於 2021 年 5 月推出「練功夫，有獎助」、「找工作，有獎勵」推出 6 項措施。包含職前訓練、先僱用後培訓、就業獎勵金及尋職津貼等，凡是年滿 15～29 歲並符合申辦資格之青年為對象。主要仍是以當前職場為框架下的設計，分述如下：

1. 職前訓練：產業新尖兵計畫及青年訓練，提供青年每人補助訓練費 10 萬元，每月還可領取學習獎勵金 8 千元（非政策性產業課程為 3 千元），最高可領 12 個月。

2. 先僱用後培訓：青年就業旗艦計畫，主要由事業單位依據用人需求，規劃 3～9 個月的工作崗位訓練，青年通過聘僱甄選後受訓，由事業單位發放薪資，政府則補助事業單位部分訓練費。

3. 就業獎勵金：(1) 安穩僱用計畫 2.0；(2) 青年職得好評試辦計畫；(3)2021 年青年就業獎勵。

4. 尋職津貼：2021 年應屆畢業青年尋職津貼計畫。

5. 青年就業領航計畫：教育部為鼓勵高中職應屆畢業生透過職場、學習及國際體驗，探索並確立人生規劃方向，進大學前先去工作或到非政府組織（Non-Governmental Organization, NGO）當志工進行體驗等。在經過社會歷練之後重返校園，更加清楚自己所追求的目標。認為教育體系應該以更開放的態度，提供誘因，吸引青年職後重返校園學習，透過跨部會（主要為勞動部）合作推動「青年教育與就業儲蓄帳戶方案」（正式簡稱為青年儲蓄方案）。

其他政府措施還包括「提供就業服務及資訊」、「辦理專業技能訓練」與「辦理徵才活動」、「結合學校辦理在學青年職場見習」及「提供創業資訊及課程輔導」等等不一而足。政府各部各自為鎮，既無橫向的銜接也未見人才有序的培養，多元卻無系統是目前施政的缺點。

三、國際發展趨勢

在國際形勢分析方面，圖 3-3 顯示 2020 年全球青年失業率比整體

失業率平均值高出三倍多，約為 13%。東亞的青年失業率為全體失業率的 2.8 倍，其他各區之倍數亦如圖中所顯示。青年失業相對於全體失業的倍數，特別顯示出青年相對整體勞動市場的劣勢地位。非洲撒哈拉地區雖然只有 1.75 倍，但其總體失業率卻高達 7.66%，並不表示青年失業不嚴重。根據國際勞工組織的報告顯示，在未來的十年中，有將近 10 億的年輕人嘗試進入就業市場，但是其中不到一半會找到正式的工作。這將使得大多數年輕人失業或陷入工作貧窮，也就是全世界有超過 6,400 萬失業青年和 1.45 億青年生活在貧窮中。目前全球青年失業率為 13.6%，其中北非的青年失業率最高，達 30%。導致全球青年失業率居高不下的主要原因是缺少工作機會。在北非的地區，年輕人占人口的

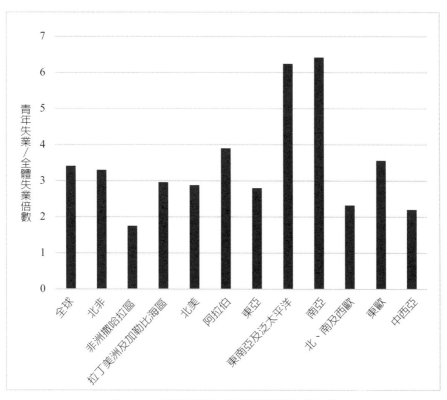

圖 3-3　全球青年失業相對整體失業位數

1/5 以上，其中 95% 的工作是非正式的，也就是沒有法律或社會保護的工作，這也意味著低薪和不穩定的工作時間、不確定的就業狀況和危險的工作條件。又根據估計，在 Covid-19 危機的第一個月，這一類非正式的工人的收入下降了 81%。在全球範圍內有 1/5 的年輕人即 2.67 億人是失業又不積極找工作，也沒有正在接受教育或職業訓練的狀態下的尼特族。

（一）青年就業面對的挑戰

在國際勞工組織「全球青年就業趨勢報告」中討論了第四次工業革命的技術進步如何爲年輕人在勞動市場上帶來機遇與挑戰。矛盾的是，儘管年輕人是最先熱衷於新技術的採用者，但是他們也往往最擔心他們工作被人工智能取代的可能性。在發達國家跟發展中國家人們普遍擔心，這些技術可能不會帶來新的更高薪的工作職位。尤其是製造業中工業機器人的使用越來越多，不僅會降低中等技術工人的利潤分配份額，還會降低對新的年輕求職者的招聘率。職業訓練培訓項目必須現代化，以便年輕學員能夠更好地適應數位經濟不斷變化的需求。同樣報告中也顯示，大多數的先進國家都受到高等教育畢業生的供給超過勞動市場需求的現象。各國公共就業政策多加強提供青年勞動市場探索機會，科技疆域雖然改變了勞動市場，但是也提供了機會挑戰。

國際勞工組織的報告顯示雇主和求職者之間職業偏好相對穩定，或許職業中的任務正在發生變化，並且變得更加技術密集，而不是整個工作都被取代。一些發達國家的入門級工作職位的顯著增加，這表明自動化對某些部門的工作職位的破壞已被其他部門的工作職位淨增加所抵消，儘管這些工作崗位的質量可能並不總是很高。在所有年齡組中（不僅僅是青年人），求職者的偏好都發生了變化，儘管各年齡組的回應存在時間差，但求職者都改變了偏好，以應對雇主最急切要求的職務及工作內容的變化。

　　在全球各國（組織）對青年低薪的對策方面，美慈組織（mercy corps）的工作報告中強調了強化科技進步下，技能的重要性。尤其是對一些地理偏遠及環境困難的地方，培育技能訓練之外更要給予工作的機會，而提供一個創業創新的場域也變得相當的重要。根據該組織的研究顯示，青年就業計畫通常要與其他整體的政府政策相結合才最為有效，技能訓練不但要使年輕人能夠獲得跟保留工作，而且要能夠對應不斷變化的環境。

（二）具特色青年低薪對策之檢討

　　處理青年低薪的對策，亞洲與歐洲國家大不同。亞洲國家使用各種政策工具，包括南韓大力調漲基本工資調漲，日本與新加坡政府則是直接要求企業加薪，日本更提出租稅優惠，新加坡則補貼企業加薪。歐洲國家則放眼青年長期實力的培養與提升及透明化薪資資訊制度，如英國政策著重致力培養青年的就業能力，而歐盟則自 2020 年 11 月歐洲聯盟執行委員會（European Commission）因兩性同工不同酬提薪資透明化約束措施，歐盟很多國家 10 年前開始執行薪資透明計畫，證明有助改善低薪。歐洲議會通過薪資透明計畫在歐盟 27 個國家中一體適用，要求就業前薪資透明，人力招募必須揭露具體薪資，以及大企業必須定期揭露企業內部 4 個級距平均薪資。藉此避免高層與基層薪資差距過大，造成企業利潤分配不公的結果。

　　在了解有關歐洲及亞洲針對青年低薪對策之主要不同特質後，本文列舉幾個特出的國家政策做進一步說明：

1. 韓國

　　青年低薪造成社會及國家發展的重大障礙，韓國年輕人近年常說的「88 萬世代」（月薪 88 萬韓圜），折合新臺幣約 2.5 萬元，簡單來說，就是韓版的「22K」。而韓國雖然在前總統文在寅上任後，多次調漲基

本時薪，卻無法解決青年高失業率問題，根據 OECD 發布的報告，36 個會員國之中韓國自殺率位居冠軍，其中青年人及 30～40 歲年齡層自殺率大幅增加，此與青年低薪與就業條件惡化時時相關。根據韓國統計廳報告指出，2019 年韓國失業人口超過 106 萬人次，其中有 21.6% 為 25～29 歲年輕人，並且失業的年輕人多數都有大學以上的學歷。青年失業與低薪肇因於連年經濟的不景氣，公職、大企業職缺不足，中小企業福利低薪水低卻成為大多數青年的勉強屈就，因此造成的心理壓力沉重。韓國 2020 年 20 歲年輕人平均月收入為 180 萬韓圜（約 43,000 新臺幣），大企業月薪則是 400 萬韓元（約 96,000 新臺幣），差了 2 倍左右，加上需負擔高額房租、日常生活花費，導致入不敷出。慘淡且毫無轉機的生活，使得踏上絕路的年輕人多不勝數。

亞洲的政府干預政策若不能配合產業的生產力提升，往往得到反向的結果。2017 年文在寅總統上台後，便連年上調基本工資，近兩年基本時薪已漲 3 成，以兌現當初改善年輕人低薪的政見。沒料到政府用心地促使工資連番上漲，正是導致南韓年輕人被迫「躺平」的關鍵之一。《韓聯社》在 2021 年 7 月統計，南韓有 2 成便利超商放棄 24 小時營業模式，午夜至凌晨 6 點均歇業。因為不堪時薪提高造成的虧損，也因此讓年輕人少了大夜班店員的打工機會。政策不周延會使得美意打折扣，就如台灣的一例一休也曾遭遇同樣的問題。

當韓國因基本工資調高致使經常性薪資提高超過產業所能承擔，釋出給年輕人的工作機會反而大幅減少。據《亞洲日報》2021 年 9 月中統計，同年 5 月南韓長期失業年輕人口為 27.8 萬人，正是因為疫情以來工作更難尋。調高基本工資適逢疫情造成服務業生意大壞之際，有近 10 萬的韓國青年選擇「躺平」，不升學也不準備考試。比起去年同期大增 2.5 萬人，其中更以專科以上學歷的男性更為主流。

2. 日本

　　岸田首相希望通過形成一種「新型資本主義」來縮小貧富差距，其中包括提高公共衛生和醫務人員的工資，以及對提高工資的公司提供稅收優惠。但岸田已經擱置了一項對資本收益和股息徵收更高稅收的計畫。雖然岸田的政策並不是針對青年低薪單一問題，但是卻可涵蓋對青年低薪之解決的方案，又值安倍遇刺所反映出青、中年因窮困而不滿的社會現象的政策需求。牛津經濟研究院經濟學家 Shigeto Nagai 表示，提供短期稅收減免可能不會說服企業提高工資，而是呼籲在日本僵化的勞動力制度等領域進行改革。

　　OECD 的 38 個成員國中，日本整體經濟在過去 30 年間，物價沒有大幅波動，薪資也長年停滯。日本民間企業平均年薪排名 22 名，約 3.9 萬美元，這個數字比起 30 年前只成長了 4%。美國 30 年來成長 48%，OECD 成員國平均成長 33%。若從 1990 年代泡沫經濟算起，日本經濟已經失落了 30 年。許多 1990 年代就苦於低薪的父母，已經有了世代低薪之子女。現在日本流行的名詞「扭蛋父母」，就是反映此種貧窮世襲的現象。隨著全球化的腳步，日本企業移至海外，本土用人紛紛將正職人力改採約聘，父母多年做非核心職位。被排除在正職外的這些人的工作不但缺乏保障，長期收入也很難負擔小孩的大學學費，世代貧窮年輕人困於學貸的現象也就發生。

　　日本在針對青年的就業促進方面，其實有其一貫的模式，不外從教育、訓練與媒合著手是其所強調的幾個重點。曾經實施過的 Hello Work 跟 Job Cafe' 我國都有類似的計畫，Hello Work 是以開發職缺及工作媒合為工作重點；Job Cafe' 則以就業諮詢服務為重點。當然日本制度上最出名且獲得國際勞工組織讚譽的工作卡制度，是非常好的創新制度。我國也曾考慮大力的模仿施行，形式是藉助日本民間所擁有的師徒制及工匠精神實施雇用型訓練及委託型訓練。然而，日本的青年失業率仍在上升趨勢，薪資仍在低盪徘迴。

3. 新加坡

　　新加坡的整體失業率是全球最低，2022 年截至第 3 季為止的失業率統計僅 2%，青年失業率也是穩定的維持於 5.1～5.2%。雖然新加坡同樣面對人口老化及少子化而有勞動力不足的問題，但因為重視職業教育與證照制度，專上教育採用普通高中與技職體系雙軌交叉升學的特色制度，有效培育青年學以致用的能力，降低了青年族群（15～29 歲）之失業情形。同時，新加坡為避免勞工薪資在全球化競爭下向下沉淪，2018 年提出加薪補貼計畫，希望提升企業體質與薪資水準。許多中小企業因此受惠，不過也引起錢從哪裡來和政府介入民間薪酬市場的質疑。由此可見挽救青年低薪，新加坡的補貼處方尚未能滿足於各方。新加坡除了在青年培育上有值得學習之處，在提升青年薪資政策上朝向制度建置的努力也值得我國學習。

4. 西班牙

　　在歐洲各國當中，西班牙毋寧是特殊的國家，根據經濟合作暨發展組織最新報告「Education at a Glance 2022─OECD Indicators」，西班牙4,700 萬人口中，278,379 人是尼特族，有10% 出自18～24 歲的年齡群。預計在 75 萬的年輕人中，幾乎每 4 個就有 1 個是尼特族。此外，西班牙 20～29 歲年輕人，10 個中有 7 個必須依賴父母過活。年輕人失業，成為啃老族，甚至成為西班牙的經濟衰弱的主因。不止兒子失業、兒子的爸爸也失業，而都成為「啃祖父族」或是「啃老祖宗族」的現象。目前西班牙有 180 萬戶家庭沒有收入，需要依賴退休金或政府補助工作，有超過百萬的年輕人因回家當啃老族。延後獨立、延後結婚、延後生小孩，情況並不比亞洲國家好。西班牙的老年世代年金制度反倒形成青年世代的嚴重負擔，失去社會保障世代間支持的原來設計意義，這是我國必須借鏡之處。

5. 英國

英國為改善青年低薪及失業率過高的現象，英國政府推動的新措施特別注重青年必須不退出職場的原則，以提升青年職能為目標。提供具銜接性及持續性的學徒訓練計畫，已在 2020 年完成培養 300 萬名學徒的目標。另在促成青年不退出職場的努力方面，英國政府在 2014 年設立 1,600 萬英鎊（約 6 億 4,000 萬元新臺幣）的「青年參與基金」（The Youth Engagement Fund），提升青年教育與就業，避免 14～17 歲青年成為不升學、不就業與不參加就業輔導的「尼特族」。也從 2017 年 4 月起，規定領取福利救濟金的青年必須加入就業支援計畫，而就業服務性質的「勞工就業支援」（Job centre Plus Support）人員也會前往學校，協助學生了解就業市場，並協助取得工作經驗。英國尊重市場原則以提升青年就業能力滿足勞動市場人力素質提升的需求為導向，不急功於短期是值得我國參考的做法。

四、青年低薪問題的檢討

導致青年勞工薪資成長停滯的原因，最主要是全球化所帶來的要素價格均等化，可從聯合國發布的全球薪資統計中，發展中地區超過 1/3 的就業青年處於貧困看出態樣。其次，我們從日本、韓國等鄰近的國家同樣發生青年低薪的現象發現全球化帶動其國內產業結構變遷，而教育體系沒有辦法協助青年成功接軌勞動市場是另一造成青年低薪之重要原因。加上觀察國內缺工現象與青年低薪並存的情形，結構性的供需失衡，絕對是一個必須被重視的課題。

青年低薪其實是整個中產階級向下貧窮化的現象的一部分。不僅是勞動市場供需結構的問題，更是整個國家總體經濟、稅制、住房政策的整體問題。青年低薪更造成人口生育率的低落，進而造成國家人口老化及老年安養世代扶持的社會保險制度難以維繫。台灣從 1950 年代到迄今整個人力結構的需求從製造業大量的移出到服務業，國際勞工組織的

國際勞動力結構的變化指出第 4 次工業革命所帶來的勞動力衝擊是明顯的，全世界有許多新興的職務需求。如果青年人的就業能力沒有跟上這一些勞動市場需求的變動，自然就產生了供需的不平衡。在政策上必須預先掌握新型工作及現有職務能力需求的變動，才有可能彌平求供的落差。

不論是新產生的工作或既有職務能力內涵的變動，都需要有能因應變化的證照制度配合，才能具體媒合勞動市場求供雙方的訴求。也唯有在具有公信力的證照制度下，才能解決在新形態的經濟之下青年人就業與低薪的問題。同時在國際勞工組織所示未來工作中，個人化服務其有其發展的空間，透過網路平台的媒合結合證照保證制度以建立平台公信力。使得個人化服務的平台媒合可信度更高，確實是青年未來創新、創業可以努力的方向。在人力養成方面，其實就應該讓整個的未來工作技術在大學畢業以後，以及大學學習過程中能夠加入對應之課程及廣納技術性業師授課，以適應科技與知識並重的時代。

對於弱勢的青年，應該有輔助的政策，包括終身職業能力的建構，應該更多地提供公費的補助，免得青年落入窮忙惡性循環中，因貧窮而沒有辦法建構能力。綜合生涯發展的助力包括：社會資本、人力資本，以及生產資本。符合全球的供應鏈及區域經濟結盟的變化，跨國通行的證照當是符合此趨勢的必要考慮。

（一）產業與技術面理念之檢視

檢討台灣的結構性青年低薪問題，歸納以下幾點：

1. 我國產業升級未能形成完整供應鏈優勢，產業核心競爭力所創造產業上、下游之整體效益不足，聚落優勢雖擁有石化、電子及精機等產業。但東南亞國家產值也逐年趕上，以致於產業發展限於降低成本及削價競爭致惡性循環中，波及整體薪資及青年勞工薪資難以提升。

2. 服務業占我國 GDP 近 7 成，服務業人口占總就業人數近 6 成，近年
   服務業勞動生產力提升不足，必須採取政策鼓勵服務業升級，發展新
   型態商業服務模式。因應平台經濟及數位經濟的趨勢，將有助於提升
   服務業附加價值並帶動青年勞工薪資成長。

3. 青年學用落差情形未獲改善，目前各項協助青年銜接職場的實習計
   畫、廠商雇用獎勵或職業訓練等計畫雖多元但成效不足，教育前瞻性
   與制度的檢討刻不容緩。

4. 企業用人不能向前整合進入校園養成階段，容或在畢業生招募階段抱
   怨畢業生難用，招不到理想學生的情形見諸報章輿論。但如何讓企業
   用人端的需求能反映到教育改革與職業職能養成的制度與系統之中，
   成為我國必須克服的難題。

　　台灣的人力銀行調查顯示，當代大學生對學歷的追求越來越高以提
高競爭力，但高學歷低就職務情形日益普遍。在全國範圍內都存在一種
現象，青年失業與就業條件越困難，投入公職考試的青年人數就越多。
創業與創新平台不足，創新創業的育成中心未能銜接產業以形成群聚效
果。考公、考研都要花費時間，能讓畢業生延時就業的家庭經濟支持，
在國民經濟條件發展下，漸成中產家庭普遍現象。延後我國青年進入勞
動市場的年齡，使得我國青年進入職場呈現「晚進」現象，我國 15～
19 歲及 20～24 歲的勞動力參與率低於世界其他主要進步國家（參見
表 3-1，除升學主義近似的南韓與香港及崇尚自由的義大利外）。但是
產業界不需要如此大量的高學歷人才，是也擴大學用落差的情形。

表3-1 2021年主要國家勞動力參與率比較—按年齡區分

項目別	中華民國	南韓	新加坡	香港	日本	美國	加拿大	法國	德國	義大利	英國	挪威	丹麥	瑞典
總計	59	62.8	70.5	59.4	62.1	61.7	65.1	55.8	60.6	48.6	62.7	66.5	62.4	73.8
15～19歲	8.9	8.1	15.7	7.2	19	36.2	49.7	17	29.1	6.3	38.1	48.3	46.4	35.5
20～24歲	58.9	47.1	62.4	57.4	75.3	70.8	76	64.6	71.8	43.1	73.6	72.9	73.1	72.8
25～29歲	91.5	73.9	90.4	89.8	91	81.5	86.4	86.3	84.3	68.6	86.8	85.1	81.3	85.2
30～34歲	91.8	79.4	93.4	87.5	87.6	82.3	88.1	87.7	86.7	77	87.8	88.2	86.7	90.9
35～39歲	89.6	76.4	91.2	84.4	87	82.1	88.2	87.9	87.8	79.2	88.1	88.9	86.6	91.3
40～44歲	85.5	78.3	90.6	82.9	88.1	82	88.7	89.4	88.6	80	88.3	86.9	89.4	93.4

資料來源：中華民國—行政院主計總處「人力資源調查」、日本—勞動力調查、美國—Statistics Database、南韓—勞工統計局（Current Population Survey）、香港—General Household Survey、新加坡—Labour Force In Singapore 2021、其他—Data extracted from OECD.Stat。

（二）教育與訓練面理念之檢視

　　青年低薪絕對不是一昧地調高基本工資，讓打工或從事非典型工作的青年得到微薄的增薪可以解決。因為基本工資的調整通常伴隨著物價的上升，調整基本工資對於改善青年低薪的影響微乎其微。青年低薪也不是社會補助或扶貧或稅制補貼所能根治，如果不能從根本上提升青年的工作能力，創造青年工作機會，還是沒有辦法解決青年低薪所造成的貧窮。高房價、高物價的生活環境共伴著青年低薪所造成的生育率不斷的下降，更是深深的影響國家發展及國家安全。青年低薪是一個必須要全方位從各個面向謀求解決的一個重大課題。

　　我國針對大學生就業輔導歷年來推出的政策眾多，也都連續改進以適應新的時代需求，最後一哩就業學程、產學合作實習計畫等皆是歷年來曾有的施政對策。但是學用落差的產生是社會和產業結構性問題，未必可以因為政策及經費的挹注而大幅改善。檢討其主要原因有：

1. 未來產業發展的結構變動巨大：47% 的勞工面臨工作被自動化（Automation）取代的風險，60% 的工作中至少有 30% 的工作內容可以被自動化。即使有的工作不會被自動化完全取代，卻仍然面臨被部分取代的風險，必須儘快協助這些工作轉型。科技快速進步職場分工越顯精細，工作內容亦不斷創新。物聯網、大數據分析、雲端儲存、人工智慧、機器人、無人駕駛、綠能科技、智慧城市、虛擬實境、工業 4.0 等都是未來產業經濟發展的主流，現存職業也將因應產應變化而改變。很多新的工作會產生，同時現存職業可能會消失。

2. 人力培育需要時間：大學即使因應科技變化設立新的系所常需 2～3 年才能有新生入學，停招的系所需等目前在學學生逐年畢業之後，才能完全停止供應。無論增加人力培育或縮小培育規模，都要經歷約 5 年時間才能達成。這樣的時間落差，無法及時因應產業人力需求的變化。更何況我國的實務專技老師一向在大學中是稀缺的少數，遑論與產業合作培育人才的制度尚有待建立。

3. 產學鏈結度不足：雖然德國的雙軌教育制度及日本高教中的實用研究做為升等與考核方式，在我國曾經研議多年卻總不見落實實施，教育不容易持續和產業保持密切連結。產業變化相當快速，具實務經驗的教師可能幾年後就和產業脫節。產業無從加入教程設計，提早進入校園培養其所需之人才，學校教學內容無法配合業界與時俱進，學生所學與畢業後職場所需當然產生落差。

4. 世代間觀念的落差：父母仍抱持著過去經驗中的「先受教育，後進職場」的觀念，影響年輕學生對工作的價值觀和態度，所學與企業需要的就業能力相差甚遠。如果父母與青年皆不願調整心態，觀念上的落差，也造成青年難以接軌企業職場的原因。

5. 軟硬實力供求落差亟待解決：受企業喜愛的能力其實是軟實力，軟實力所談其實就是指工作適應能力。包括：溝通能力、團隊領導和協調能力、組織團隊、解決問題能力、創造力及語言表達能力等（經濟部，2010）。學校系、所傳授專業課程難以迄及，大學通常熟悉也重視硬實力基礎課程的規劃，透過訂定課程科目表來執行。但對軟實力的培育，不如學生到企業的親身的感受與經歷。

五、解決青年低薪該怎麼做？

　　基於上述的問題分析，在全球經濟發展趨勢下，針對青年低薪本文提出對策研擬的重點有：（一）重視市場誘因，公私協力是所必須；（二）必須評估制度運作可行性，政策要有橫向聯繫及縱向執行的設計；（三）要有政策評估檢討機制三大重要改革觀點，並羅列出各方的政策見解形成要因分析法。

　　如圖 3-4 之魚骨圖來研擬政策，在繪製魚骨圖時，由於勞動市場的勞動需求是經濟產業的衍生性需求，所以我們將產業及勞動市場（標示①）依其先發及衍生勞動需求特而置於魚骨圖左側最上游處。學校教育（標示②）是青年職業知識與能力基礎養成的開始，因此置於魚骨圖最

上游之右側。待學校畢業後的時期是職業職前訓練的開始，並且必須服從產業職能的需求。而具職能定義、定位地圖功能的職能辭典又必須設定在職訓教育甚或在學校教育之先，所以職務工作典及證照制度必須設在學校畢業後銜接訓練教育之前產生引導作用。因此本文將職務工作典及證照制度（標示③）置於學校畢業後銜接訓練教育（標示④）之前，且共同影響勞動市場及產業用人的魚骨左側。法制需求問題則是勞動市場的輔佐，勞動問題的實證調解、爭議判定的功能，所以對置於魚骨圖對應的右側（標示⑤）。最後則是社會保障的魚尾位置，做為強化支撐的表達，同樣置於魚骨圖的右側（標示⑥）。詳如圖 3-4 所展現。

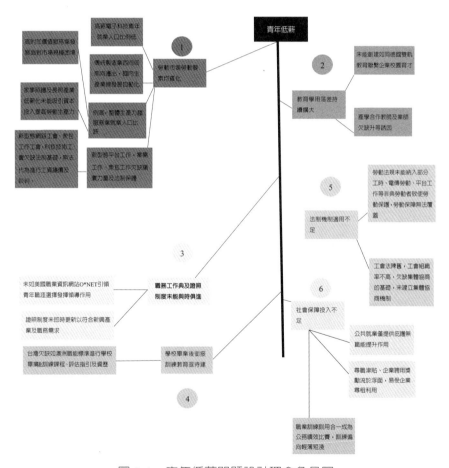

圖 3-4　青年低薪問題設計理念魚骨圖

各魚骨標示點之對策規劃理念說明：

（一）因應勞動市場勞動要素均貧化之規劃理念

綜合各方學者專家的意見，青年低薪的問題當是勞動市場因全球化的經濟生產分工加上科技的進步，造成生產方式跨越式的進入自動化、智慧化、網路化及大數據運用的生產模式中。雖有許多新興的產業職務產生，卻也有許多舊有的產業職務改變生產方式，當然也有許多職務消失。我們不能因為變動太過迅速，而說因為不可預測就滯佇不動，而是應該效法先進國家更敏於變動之先機來指引茫然的年輕世代。世界經濟論壇針對未來工作提出預備性的教育及訓練建議，先進國家亦根據本國國情及各種技術能力的發展指標，設計本國的人力資源規劃與投資。我國亦應就我國人口老化、環境保護意識提升、養老準備充實等各方面的需求壓力下，在產業發展、人力培育、勞動力運用及社福保障上提出高度整合之政策，積極提出能提升青年工作能力的產業發展及促進就業政策。其中最具指標意義的是：如何引進現代科技、建置社會資本及獎勵民間投資我國老年介護及長照產業，並提高投入介護及長照產業青年之薪資，打破青年低薪魔咒並同時解決我國亟需面對的老年人口安養問題。

（二）因應教育學用落差持續擴大之規劃理念

大學生找不到工作只是青年就業問題的「冰山一角」，學用落差是近幾年來不斷為人們垢病的問題。教學方面，部分大學提供的教學不以就業為導向，內容過於理論化，教材過於陳舊。大學以上學歷人才的失業並不是就業機會不夠所造成的，而是他們的素質結構、操作技能不適應市場需求，在擇業上存在觀念認識上的問題等原因造成的，也就是結構性失衡為其主因。必須提早讓企業用工需求反映在學校教育改革中，建置企業協作機制，仿效德國、澳洲的各級協作參與組織（委員會），

縮小學用落差。我國中小企業基於用人需求零散，難以在青年就學期間提供足量人才培訓的產學合作或投資贊助校園課程。在學生銜接職場教育上，中小企業為主的台灣至今缺乏參與設計的空間。就算中小企業本身的在職訓練，針對新進員工的人力資本投資也不高。政府當思如何透過類似新加坡職訓金制度，集小為大，整合中小企業產業職能需求於學校教育中。

（三）因應職務工作典及證照制度未能與時俱進之規劃理念

職務工作典是工作指南、尋職地圖，要靈敏於世局行職業變動之先，必須要有指南針般的職業工作典以為因應，並且要經常修正增補此典以合於事實。此早在 1991 年美國建置勞動部勞工統計局（Bureau of Labor Statistics）的職業展望手冊（Occupational Outlook Handbook），以及官民合作隸屬勞工部就業培訓局（Employment and Training Administration, ETA）的職業資訊網站（Occupational Information Network, O*NET）之緣由。這既包括橫向分類，即工作的種類；也包括縱向分類，即技能水準的高低。在縱向層面，依據職業工作典建立的職業培訓體系不只涵蓋了生產性人員，也包括高水準技術人員、高技能工人。解決了：

1. 用什麼標準來評價目標勞動者群體的技能水平？
2. 根據評價結果，目標勞動者群體將被分為多少個等級？
3. 誰來對技能水準進行評價並提供資格認證？

新加坡更依據建立了與英系國家通行的「國家職業資格」（national vocational qualification, NVQ）框架的認證體系，值得我國參考。

（四）因應學校畢業後銜接訓練教育亟待建立之規劃理念

有了職務工作典的指南，在對人才進行投資時，確定好投資的數量和方向是非常重要的，政府要決定在人力資源開發上應投入多少資金，

更要決定這些資金中的多少應放入對職業教育與培訓系統的開發上。一個合適的政策組合，會為整個國家的人力資源開發提供很大的向上提升的空間。建立一個人力資源投資組織的國際合作平台是十分必要的，能更有效地互享相關資訊。過去我國學校人才培育能連結於國際，現在更要在學校畢業後進入職場的職能訓練上連結於國際，這是我國所缺乏的。

雖然我國要求訓用合一旦流於輕（技能深度不足）薄（知識深度淺薄）短（培訓時間短）淺（無梯階進深）之譏，我們必須要從現有的教育制度改革及創造數位新時代所企求的學校後銜接職場的轉銜訓練機構及機制著手。參考德國的雙軌教育及澳洲的國家資歷架構（Australian Qualification Framework, AQF）及訓練品質架構（Taiwan Quality Training Framework）都是能夠讓企業或專技公會充分參與，務求能準確銜接於職能及職務空缺的教育與訓練。

（五）因應法制機制適用不足之規劃理念

其他關於青年低薪的對策研擬，尚應包括如何協助非典型勞動及非正式勞動青年納入青年低薪改善對象。工業 4.0 及數位經濟時代所出現的新興產業，或職務或數與眾包工作、案需工作或電傳勞動及新形態的居家工作，皆因為以勞僱關係為基礎的勞動法規無法覆蓋，致使投身其中的青年工作者無法得到勞動法的適用與保護。雖然我國已有平台工作者的法院判例，但仍是以勞僱關係的認定為基礎法理判決依據，實難跟上不斷冒出的新形態勞動爭議的法律調整（立、修法）的需求。所以非典、非正式勞動的青年就業人數不斷攀升，其所衍生的低薪及惡化的勞動條件，我國應積極透過集體動法制的增、修法來改善此類青年的勞動條件。

（六）因應社會保障投入不足之規劃理念

　　我國的勞動保障失業救濟及職業訓練津貼等多偏向社會救濟，甚至有以訓練補助津貼爲目的的反覆受訓情形，公共就業也幾乎成爲庇護工作的代言。對於受訓青年的未來就業能力的形成及提升少有考核，應該改變公共就業爲職能提升的銜接職訓平台。基本薪資的調漲、尋職津貼、社會住宅的提供皆不是以家戶爲單位的社會扶貧脫困作爲，難以協助工作貧窮的青年脫離家庭背景所造成的貧窮惡性循環。應該亟思如何以實際家庭收入爲評核基礎的脫貧教育，落實教育公平與正義。

六、策略措施

　　當先進國家針對經濟不公平的所得分配問題亟思對策，而國際勞工組織疾呼正視數位經濟下的尊嚴勞動與工作貧窮問題，並提出尊嚴勞動和 2030 年可持續發展議程廣思對策，規劃 2030 年議程包含可持續發展的 3 個方面——經濟、社會和環境。它有 17 個以人和地球爲中心的可持續發展目標（SDG），爲國際社會提供了一個框架來應對人類面臨的諸多挑戰，包括勞動世界中的挑戰。尊嚴勞動的重要性呈現在目標 8，強調實現可持續發展其目標是「促進持續、包容和可持續的經濟增長、充分和生產性就業以及人人享有尊嚴的工作」，尤其是青年勞動正就是相對脆弱勞動發展年齡層。可見青年低薪問題的對策，並非單純的調薪呼籲或片面的補貼政策所能滿足。它必須是產業、稅制、教育、職業訓練養成、社會、人口、環境發展的綜合協作政策，更要具有前瞻性的指導才能冀望其逐步的落實完成。

　　台灣青年低薪是一個事實存在的現象，不但青年低薪還伴隨著中產階級的貧窮化。數位經濟時代造就了新的明星產業，連生產製造與服務業的工作型態都徹底改變。缺工的樣態，職能缺口的內涵，貼近個人服務的雲端 AI 智能運用普遍化，都容易使得對策規劃落入成爲破碎化的因應方案。

　　過去有非常多的學者提出青年低薪的解方，亦曾仿效日本的工作卡來媒合師徒，也曾引進台德的雙軌制建置台德菁英人才。近來更呼籲仿效美國彌補收入差距的退休金方案，認為讓員工參與退休金方案是縮小薪資差距的最快方式，亦或參採歐盟許多國家是 10 年前開始執行薪資透明計畫。然而，橘逾淮為枳，這些計畫執行經年卻紛紛退潮。思之再三，缺乏市場誘因以及未及建置運作制度為其停擺之原因。

　　我們提出的要因分析圖，整合過去各方有關勞動市場青年低薪的各項解方，涵蓋國際影響、勞動市場、法制及社會的各個面向，去蕪掉財稅及住屋政策等關於勞動者財產形成及家庭貧窮化階級成因對策，留給研究社會階層流動之研究論述。本文觀點主要從制度誘因的提供及國外已運作可參考機制來探求要因問題的解決對策，並以魚骨圖表達原因與結果關係，進而產生反魚骨圖來表達問題解決步驟與模式。圖 3-5 正就是針對圖 3-4 的問題節點（標示①～⑥）提出對應之對策以做說明。準此繪成圖 3-5 之青年低薪對策魚骨圖。

　　我們認為策略措施的擬定必須是整體的機制設計的完整性，並且要有運作的可行性，甚至於社會民情的支持，誘因的形成、成本效益與行政配合的程度都必須納入考慮。例如當初勞動部推動工作卡就因為只看到紀錄工作資歷的重要，殊不知日本之所以成功是有其民情及傳統的支持。日本重視傳統匠師，且社會也高度評價工匠精神，運用工作卡的日本青年和台灣青年面對的求職困境不一樣，所以當初未試辦政策即夭折。所以要避免片段式的擷取名詞或片面的印象，而當深入比較其內涵。同時我們必須謙虛地指出，本文只提供系統性思考及方向的提醒，任何制度的改革都會涉及既得利益或階段性設計的必要，非一蹴可成，拋磚引玉是所期待。

　　基於前述引證的理念辯證，本文策略規劃序標①～⑥說明如下：

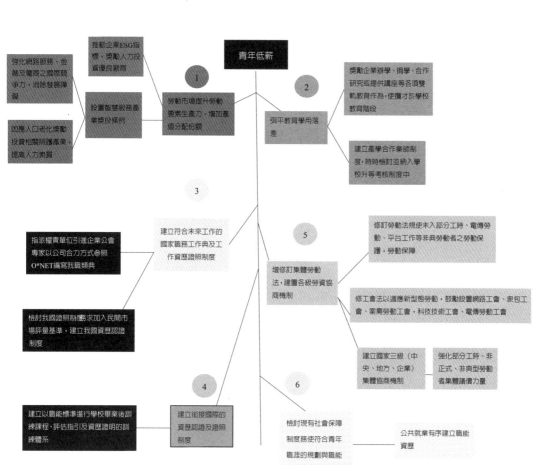

圖 3-5　青年低薪對策魚骨圖

（一）勞動市場提升勞動要素生產力，增加產值對勞動分配之份額

1. **推動企業 ESG 指標，獎勵人力投資優良廠商**：在企業對非財務行指標的觀點已經由 CSR 更全面擴展到 ESG 觀點。同時企業經營目標已由傳統股東觀點轉換為利害關係人觀點，雇用關係是尋求工作者與其他利害關係人在投入產出間複雜關係的一致性及平衡的治理機制。其中發展出 SA8000、MSCI、SAP、FISE Russel 1、GRI、KLD、ISO2600 等指標，皆可與青年的人力資本，晉升、勞工參與、人才培

育、勞工參與有關，值得在企業推動關於青年人力指標的引用。近來歐盟大力推動薪資透明與此些指標的推動相得益彰，也是接續這些指標的追求員工平等化機會的努力做法，值得我們在尋求解決青年低薪問題時的引進與運用。

2. **強化網路服務、金融及電商之國際競爭力，消除發展障礙**：產業升級及產業發展計畫中納入人力規劃目標，我國高科技產業在政府的獎勵投資條例下成為國家重要經濟成長的支柱。國家也集中資源用以發展半導體相關的電子產業，可惜的是，越是高科技的電子製造業其自動化程度越高，而增加就業人口的關聯效果越低。雖然在過去 20 年中也努力發展金融保險、旅遊觀光等相關服務產業，可惜並未具備十足的國際競爭力而創造高附加價值的就業職務數，不足以吸納由製造業擠出的就業人口。況其他餐飲、住宿等內需服務業的產業生產力亦未提高，致使服務業整體就業青年的薪資長期停滯增長。因此因訂定獎勵服務業升級投資條例，並由國家投入發展基金，積極因應未來人口變遷及智慧科技運用的服務業創投之需求。

3. **因應人口老化獎勵投資相關照護產業，提高人力素質**：台灣於 2018 年跨入高齡社會門檻，長照及老人健康照護產業及公共養老服務機構理應值得政府大力獎勵、建設及投資。但是卻見低薪的外籍移工充當家事勞動，擔負起家庭老人照護的工作。整個長照產業朝向低薪的傭工雇用發展，這樣的長照產業及政府對老年安養軟硬體建設的投入與規劃，顯然不足。而站在世代扶持的社會保障機制而言，青年人可運用現代的數位經濟工具及人工智慧的創新發明投入老年照護工作，毋寧是一個既解決青年職涯發展的選項的增加，也創造一個增值成長的工作機會。可是政府不但本身少有投資以創造人力資本的增加機會，對於鼓勵相關企業投資人力資本的獎勵政策也付諸闕如。毋寧是對台灣人口老化問題的短視，也輕忽了青年可投入的高薪創價的可能性。因此政府應該廣泛運用空閒置校舍及鼓勵公私合力，積極利用公共就

業及養老長照之公共投資帶動產業技術提升與發展。

4. 設置智慧服務產業獎投條例：近年來，鄰近的亞洲國家網際網路相關產業興起，如電子商務、物聯網與行動通訊等。多有成功的新創公司、人才廣大需求，改變年輕人或創業家心中形象，其龐大市場商機附加價值，成為青年人才趨之若鶩之主因，所產生的人才磁吸效應不容小覷。政府應致力於創業園區的設置，建構創新創業平台有效的解決青年創業創新，亦可走出低薪情境。

（二）弭平教育學用落差

1. **獎勵企業辦學、捐學、合作研究或提供講座等各項雙軌教育作為，使攬才於學校教育階段**：鼓勵企業參與人才培育，提早進入校園培育實務人才。

2. **建立產學合作業師制度，時時檢討並納入學校升等考核制度中**：當前教育及訓練皆欠缺產業專家有系統的參與對未來工作（國際勞工組織編撰提出）的實務見解及意見，無法迅速而有效的吸納產業新的變化資訊。使得整體青年職能提升欠缺方向指引，教育為青年就業力的基礎，德國的雙軌制、新加坡的職業教育與普通高中靈活接軌制度，日本高教的產業參與都是我國考察多年未見落實到系統性改革中，此當其時。

（三）建立符合未來工作的國家職務工作典及工作資歷證照制度

1. 指派權責單位引進企業公會專家以公司合力方式參照 **O*NET** 編寫我職務工作典：當前制度運作欠缺市場觀念，未能解決勞動市場結構失衡的情形。常見有證照無市場，有需求無證照的情形。證照未能反映在求職的需求中並賦予差別的薪資則成為欠缺標示作用的證照。

2. 檢討我國證照制度，務求加入民間市場評量基準，建立我國資歷認證制度：建立國家勞動市場資歷認證架構，提供有效尋職能力指標，尊

重市場機制的策略，擴大參與，建立反映新知、新序的勞動者知識、技術及能力的職能教育訓練及就業整合的國家職能知識網。

（四）建立銜接國際的資歷認證及證照制度

建立以職能標準進行學校畢業後訓練課程、評估指引及資歷證明的訓練體系：未來的青年低薪得靠青年自己掙錢來改善，掙錢的向上提升保證之確保其在勞動市場的供應量受證照的保障。強化技職教育及職業訓練體系，連結各產、職業工會、研發機構、學校建立國家資歷架構（Taiwan Qualification Framework, TQF），並重新規劃台灣訓練品質架構（Taiwan Quality Training Framework）。此體系在澳洲行之有年，是澳洲結合公、私各方，花錢、花時間建立起來的。我國考察多年但只發表其表面觀察，未能落實到一步一步到籌組各層委員會的起建組織工程，但澳洲的學校後技職培訓體系確有其可觀之成效。

（五）增修訂集體勞動法，建置各級勞資協商機制

1. **修訂勞動法規使未入部分工時、電傳勞動、平台工作等非典勞動者之勞動保護、勞動保障**：有鑑於美國及歐盟自由貿易協定中皆加入勞動條款執行機制，未來在全球供應鏈的重組中，我國對外各項貿易協定或準貿易合作中必然會越來越要加入勞動條款的內容。

2. **修工會法以適應新型態勞動，鼓勵設置網路工會、眾包工會、案需勞動工會、科技技術工會、電傳勞動工會**：我國工會組織率偏低，新興的數位經濟勞動型態欠缺集體勞動組織代理議價。因此需要跨國公司和工會之間先行簽署國際框架協議，工會也當致力於與社區團體和民間社會組建聯盟。工會可以與大學、研究中心和任何技術專家建立夥伴關係，提供必要的知識與雇主進行談判。而政府應該主動提供資源，協助工會與外部資源進行連結。以強化工會談判協商與順應變遷的調適能力，如此對青年低薪問題可一併改善。

3. **建立國家三級（中央、地方、企業）集體協商機制**：在企業社會責任中要求企業必須投入資源，建立與工會相互信任的文化，薪酬協商成為股東社會責任之重要必須工作。建立資方與受雇勞方企業發展的共同目標、藉由勞工董事良好的溝通和共同努力來解決相互的問題，借重工會使團體協商在公司的組織結構中發揮作用，實現雙贏協議。

4. **強化部分工時、非正式、非典型勞動者集體議價力量**：從組織代表自由職業者和獨立承包商開始，參考德國工會 IG Metal 提供了一個名為「公平眾包工作」（Fair Crowd Work）的虛擬場域，允許自由職業者（特別是數位平台工作人員）分享觀點並參與組織組織。

（六）檢討現有社會保障制度務使符合青年職涯的規劃與職能提升

1. **公共就業有序建立職能資歷**：創造與時俱進未來就業職能實習養成的公共就業機會，做為青年失業的銜接職場的中轉。加強改進就業保險與職業訓練的辦理使之能涵蓋非典工作青年及中輟青年。

2. **落實賦稅公平，建立以家戶為主的就業及職訓補助計畫**：國際勞工組織也預測在新的數位經濟時代，所得將更加不均，工作貧窮問題亟待解決。改革稅制，落實公平賦稅並考慮降低青年工作貧窮者的負擔，負所得稅制當可考慮。據教育部統計 109（2020）學年度資料，教育部針對弱勢助學金、學雜費減免的補助高達 64 億元，其中私校就占 8 成 2。這個比率並不讓人意外，除了私立大學學費往往比公校高將近 2 倍以外，也因為私校的弱勢生比率更高。如此加重弱勢家庭青年的世代工作貧窮的循環，我國當思如何以家庭實際收入為標準的教育協助，才可以解決弱勢家庭青年工作貧窮的問題。同時也需改革社福體制，以實質家庭收支為基礎，創造貧窮家庭青年脫貧的正義基礎。

3. **建立符合國勞組織未來工作市場導向職業訓練，並檢核是否符合國家資歷認證**：當前的青年失業或職前訓練的政策作為與社福目標混淆，救濟性質參雜其間，難有長遠職業生涯的職能成長目標。國際勞工組

織對於未來工作已有預測的研究，2030 年受科技影響完全自動化的工作約 5%，但 60% 的工作中至少有 30% 的工作內容可以被自動化。開發中國家有將近 2/3 的工作面臨被會被自動化取代的風險。將近有 50% 的企業評估在 2022 年以前自動化會導致全職（full-time）工作機會的減少，這業符合目前國內的非典勞動趨勢增加的情形。國際勞工組織也預測 2030 年，全球還需創造 3.44 億個工作機會才足以應付失業的問題。這當中有許多是數位科技內涵的新形態工作、環境變遷所需要的綠色工作及人口老化的對應新增工作。我國實在必須強化公共職訓以因應這樣的變遷預測對台灣未來職缺做好預測並引導青年有能力去對應新的職缺。

七、挑戰與展望

解決青年低薪問題是一個巨大的工程。不僅需要經建部門、教育部門、勞動部門、社會民政部門及民間企業公、私及第三部門的公、工會協力合作。還需要整體社會文化精神文明的向上提升與發展，使整個社會不是只是追求物質的經濟成長，還要重視社會公平、正義，世代扶持的國家永續發展。在美國倡導逆全球化著力區域經濟結盟的超強競爭格局中，世界各國勢必會面臨經濟衰退，通貨膨脹的調適陣痛，供應鏈的重組也會使得產業結構有巨大的改變。所得分配不僅是 M 型而且已經有變成 L 型趨勢。弱勢的青年、初出社會謀職的青年將在這樣子的失業潮當中受到傷害。

因此在解決青年低薪的對策當中，我們還要指出一些迫切必須在短期內首要解決的一些問題及對策。當失業及貧困的浪潮襲來的時候，免債、扶貧與庇護工作的提供是首要的當務之急。國際勞工組織也呼籲在提供公共就業機會的時候，應該注意到與未來工作所需發展的能力要有密切的關聯，否則以短期消費的心態來提供公共就業只會轉變成未來的國家債務。而如何讓企業一起來承擔解決青年工作貧窮的問題，則需

要政府建構適當的誘因來達成。過去我們著重的是減免稅的獎勵或是補助，以中小企業為主的台灣往往變成企業尋租的獵場。因此需要形成另類的訊息市場，例如在上市上櫃的公司資訊當中，要求加入企業社會責任（CSR）或永續發展（ESG）的各項指標資訊的揭露，此類企業協助青年人形成人力資本的資訊揭露是非常有效的工具。

另外，如何讓勞方的力量能夠有法律的保障，與資方進行薪資協商會非常有助於提高中產階級的薪資，分享企業成長的成果，青年的低薪問題也可以包裹在協商當中一併得到解決。我國已經初具集體勞動法的法治基礎跟法制架構，唯欠缺的是在過去經濟發展中，為了鼓勵資方的投資而欠缺了實際可操作的強制要求，或政府介入所形成的公共平台。在國外多有定期的協商要求，在各個層面例如：總統府、行政院、地方政府、區域工（公）協會，企業內部也有不同的、公開的、必要的協商要求。這些作為有些是約定成俗，有些是法律規定。但看我國選擇什麼樣的路徑和方法來達成促成勞資雙方能夠有協商的機會跟空間。這樣低薪與否自然可透過勞資交叉談判的力量來解決，而不需要政府用外力介入的方式來干預就可以期待。

最後，我們必須指出的是在自動化浪潮的工業 4.0 發展下，AI 人工智慧、數位經濟的時代是更高的浪潮襲來。人口老化、氣候變遷使得整體人類要面對的挑戰變得更加的艱鉅而複雜。國際勞工組織也指出，青年及婦女是脆弱的受害者，近年來青年及婦女的失業率都高於國家平均的失業率。中高齡化及高齡化社會的來臨，必須考慮到世代承傳的問題，成熟的世代要致力於解決年輕世代的發展困境。台灣的照護產業、環保產業及能源產業方興未艾，人力資本的形成需要生產資本的投入。年輕人生產力的提升，創新、創業為可行之捷徑。我們見到國外照護產業都已經加入公共的網絡服務以及 AI 人工智慧的研發，我國仍然在外籍移工的向下低薪競逐中躊躇不前。如何應用新興科技納入年輕人的活力創意來改善這些未來必須面對的老人照護安養？豈非是當前解決青年

低薪的另一終南捷徑嗎？

　　本文所著重的重點是預見未來，尊重市場，創造機會，運用誘因，用自然的交易機制、談判協商，組織內化來解決青年低薪的問題。我們再次強調必須是任何機制的發明必須有自我反省矯正的能力及追求永續發展目標方克有成。青年低薪問題的解決，切勿以片面、膚淺的，短期的手段來糊籠，必須重視政策所建置社會工程有生的力量，廣納各方的參與形成良性的永續發展循環。

參考文獻

1. International Labour Organization. (2020). Global Employment Trends for Youth 2020. International Labour Office. Geneva.
2. O'net. https://www.onetonline.org/.O*NET OnLine is sponsored by the U.S. Department of Labor, Employment & Training Administration.
3. TVBS（2022）。「全亞洲青年都想「躺平」？　日韓低薪困境看不見終點」。https://news.tvbs.com.tw/life/1857271。
4. 工商時報（2020）。〈青年低薪困境亟須政府關注〉。
5. 古允文（2017）。《青年貧窮與低薪：現象與對策》。台北：台灣新社會智庫。
6. 行政院（2018）。「我國薪資現況、低薪研究及其對策」。
7. 郭重附（2018）。〈臺灣青年勞工低薪原因探討及改善對策〉。《經濟研究》，19：83-105。
8. 勞動部（2020），「青年勞工就業狀況調查報告」。
9. 勞動部（2021），「職類別薪資調查報告」。
10.遠見雜誌（2022）。「2022青年職場三觀大調查 四成年輕人焦慮低薪，拒當窮忙族、工作狂」。https://www.gvm.com.tw/article/91387。

台灣女性生與不生抉擇：
從婚育與幼托談起

楊文山

一、前言

　　2010 年台灣的總生育率為 0.895 人，成為全球生育率最低的國家。根據國家發展委員會最新人口推計，2021 年我國總生育率為 0.98 人。相較於其他亞洲已開發國家，僅略高於韓國與香港，成為全球生育率最低國家之一。

　　台灣長期生育率偏低與高齡化快速發展，致使人口結構產生量變與質變。未來將面臨勞動力短缺、生產力與競爭力降低，以及當前高階專業人才外移的困境。參照國家發展委員會預測，2070 年 15～64 歲的工作人口僅有 776 萬人，不到目前的一半。且 65 歲以上高齡人口將高達 708 萬人，扶養比約為 1.1：1，大約 1 個工作人口就有撫養 1 位 65 歲以上老人。

　　毫無質疑，低生育率已是台灣的國安問題。行政院於 2006 年修訂「中華民國人口政策綱領」，並於 2008 年頒布「人口政策白皮書」推動「我國少子女化對策計畫」。近年中央與地方政府陸續提出許多生育措施，投入於 0～6 歲幼托經費已由 2015 年的 150 多億元提升至 2022 年的 800 多億元。

　　十年之間，生育補助大幅增長。但是根據目前的婦女總生育率，卻顯得效果不彰。對於台灣社會未來的發展，尤其是人力需求，已產生嚴重影響（Yang, 2017）。只是，低生育率與少子女化真的是一個問題嗎？

享有生物多樣性之父美譽的愛德華・威爾森（Edward O. Wilson），於著作《半個地球：探尋生物多樣性及其保存之道》中指出，人類嚴重破壞地球的物種多樣性，最終可能導致自己的滅絕，故提出保留「半個地球」的想法，倡導將一半的海洋及大地還給其他物種。或許從生物學家的觀點，少子女化從來就不是問題，甚至可能是生態浩劫的解方。

因此，低生育率與少子女化之所以成為問題，是因為一個社會體制的運行依靠該國的勞動力與稅收。當一個國家的稅收與退休制度規劃過度仰賴「薪資所得稅」與「世代撫養」時，未來勞動人口的快速減少便會產生巨大影響。

換言之，當人口衰退已成為人口結構的現實，倘若無法嘗試由「非受僱薪資」擴大政府的財稅來源，由於勞工人口總數的歷年遞減，將無法確保既有的退休保險制度繼續享有少繳多領的優惠。台灣社會的傳統文化價值不變，低生育率將成為台灣社會未來發展的嚴重問題。

過去關於生育政策的討論往往強調育兒家長，尤其是母親的工作與家庭之間的平衡。但實際上我國低生育率現象所代表的意涵卻是「國家的勞動人口需求」與「個人的家庭照護需求」之間的衝突。低生育率不只是女性的生育問題，而是一國勞動人口結構、社會體制與社會資源配適的問題。

台灣女性的勞動參與率於 1970 年代輕工業所發展的出口擴張時期逐年攀升，女性離開家庭作為國家勞動力的一員。不僅提供家庭經濟收入也促進國家整體生產毛額的增長，共同創造出台灣傲人的經濟奇蹟。

直到房產狂飆的 30 年間，房貸或房租占家庭支出比例大幅提高。女性在家中的經濟角色越加吃重，單靠男性一人的薪資已難以再撐起一個核心家庭甚至三代家庭。除此之外，1980 年代我國生育率已降到 2.1 人的人口替代水準，國人婚後必須面臨同時照護原生家庭與親家的兩難。

　　如果晚婚少育、甚至不婚不育是國人面臨家庭經濟與照護雙重壓力的因應方式，那麼國家一方面該如何針對既有人口結構進行最有效率的配置以維持經濟發展？另方面又該如何有效提升國人的生育數量，減緩人口結構老化與衰退的速度，為社會體制的調整爭取更多時間呢？

　　一國的人口結構變化影響所及範圍是全方面，不僅包含教育與就業、婦女勞參率與友善家庭勞動環境，以及高齡勞動力有效利用與長照需求等，更牽涉該國的稅收與退休制度。事實已一再證明，目前的生育現金補助，以及其他生育補助措施，無法有效促進國人的生育數量，我國的生育率似乎難以回升。

　　本文將從台灣目前婚育與幼托方案的規劃，強調如何在「國家的勞動人口需求」與「個人的家庭照護需求」之間取得平衡。換言之，政策規劃理念並非以孩子為主體，而是以擴大既有勞動人口、同時釋放潛在的婚育人口。藉以維持目前社會體制的運行，並替未來社會體制的調整爭取時間為重點。

　　以下首先檢視我國低生育的現況與成因、回顧其他東亞國家的低生育率對策，進而對照我國生育政策的沿革與施行現況，最後替未來的婚育與幼托政策提出解決方針。

二、國內現況分析

　　根據國家發展委員會最新人口推計，2021 年我國婦女總生育率為 0.98 人。相較於鄰近的亞洲已開發國家，僅略高於韓國與香港（參見圖 4-1）。

　　影響婦女生育的主要因素，可以區分為生育的「步調」與「數量」兩個因素（Bongarrts, 1998; 劉一龍、王德睦，2005）。所謂的「步調」就是女性進入生育的時間因素，如果女性年齡越晚進入生育，則會影響女性所期望的生育「數量」。

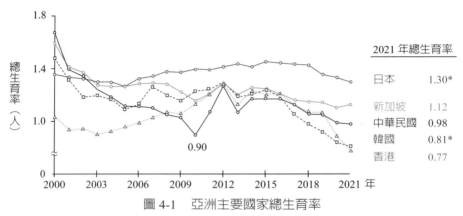

圖 4-1　亞洲主要國家總生育率

資料來源：國家發展委員會。

根據目前台灣男、女進入婚姻的人口學估計，1991～2021 年間，我國女性初婚平均年齡由 26.0 歲延至 32 歲，生育第一胎時間亦由 25.5 歲延至 31.2 歲。由於現代女性教育程度提升與就業情況增加，加上社會整體婚育價值觀與氛圍的改變，致使女性進入婚姻的時間向後遞延，連帶生育步調延後而難以達到理想生育子女數。

中央研究院社會學研究所鄭雁馨教授指出，國家發展委員會人口推計所計算的生育率指的是「時期生育率」，計算方式乃觀察某一特定年間 15～49 歲女性的生育行為，研究對象橫跨 35 個出生世代，是一種「合成世代」（synthetic cohort）的概念。然而，不同世代婚育狀態各異，尤其伴隨年輕世代晚婚情況普遍，生育第一胎的時間遞延，時期生育率就容易產生偏誤。

因此，鄭雁馨主張必須同時參照「世代生育率」的變化，也就是女性完成生育後的生育數量。例如 1960 年代出生的女性，在大約 49 歲時，就是 2005 年時的生育數量，才能更精確掌握台灣婚育的情況。如此地估算女性生育的數量，將比較不容易失真，且更能反應一個世代女性的生育總數。

只是，世代生育率的計算也有其限制，必須等到該世代女性年滿

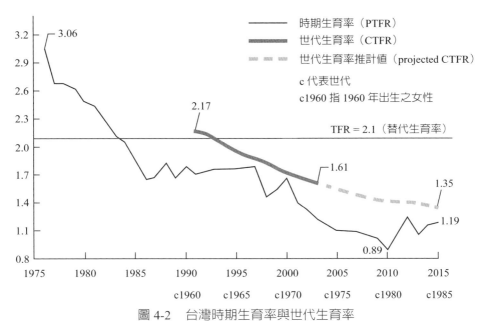

圖 4-2　台灣時期生育率與世代生育率

資料來源：研之有物，〈人口學家鄭雁馨談少子化困境：台灣低生育率的關鍵並非「不生」，而是「不婚」〉。

49 歲，或至少滿 45 歲才能納入評估。目前能計算世代生育率最年輕的一代為 1973 年次。根據鄭雁馨的研究，我國世代生育率直到 1965 年次女性才首度低於 2 人，爾後持續下降至 1973 年次的 1.6 人，預估至 1985 年次的世代生育率僅有 1.35 人（參見圖 4-2）。

　　藉由圖 4-2 可以發現，時期生育率因 1970 年代以降女性婚育步調延後而被壓縮，於是低估了世代完成生育率。鄭雁馨分析婦女婚育就業調查資料後發現，已婚的 1973 年次女性的世代生育率仍有 1.93 人。又根據內政部人口統計的婚姻狀態資料，約有兩成的 1973〜1977 年次的女性尚未結婚。因此，1973 年次世代總生育率 1.61 人，反映的應該是近兩成該世代出生的女性於 45 歲時仍未婚未育，其餘八成女性婚後依然平均生育 2 名子女。

換言之，台灣低生育率的主因，很可能是近 40 年國人有偶率下降以致終身未婚未育，而非已婚夫妻的少生或不生。所以，世代婦女總生育率的估計，說明目前雖然當年度的婦女生育率持續下降。但是，從另一個角度而言，如果台灣女性進入婚姻，則當女性完成生育時，生育的子女數量，仍然遠高於以年度別所估計的婦女總生育率。

因此，婚育與幼托政策的重點，應關注如何維持已婚夫妻生育水準達 2 人以上，並進一步探究 1970 以降世代晚婚的因素。

目前任職於香港科技大學人文社會科學學院 Stuart Gietel-Basten 教授偕同筆者，針對台灣已婚女性進行深度訪談調查，探討生育第二胎的影響因素（Freeman, et al., 2017）。

訪談結果顯示，多數已婚女性仍然保有「兩個孩子恰恰好」的家庭想像，但由於養育成本太高、丈夫無法分擔育兒照護，或是自身仍想繼續工作等，於是不願生育第二胎。此外，受訪者大多表示目前政府的生

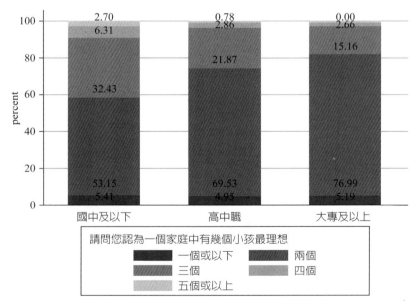

圖 4-3　台灣地區受訪者理想子女數

資料來源：中央研究院社會學研究所 2011 年社會意向調查。

育津貼並沒有實質催生第二胎的誘因，僅是「不無小補」。唯有提供高品質的公共托兒和幼兒教育、確保懷孕和親職階段能繼續工作，才能眞正分攤已婚女性的育兒壓力。

目前我國的生育政策皆以育兒家庭爲標的，無論是 2016 年行政院核定的「完善生養環境方案」，或是現階段「0 至 6 歲國家一起養」政策落實的「平價教保續擴大」、「育兒津貼達加倍」及「就學費用再降低」等策略，都是透過提供兒童妥善照顧與經濟支持，鼓勵已婚夫妻多多生育。不僅只有育兒家庭才享優先獲得住宅補貼或優先入住社會住宅的權利，又生育多胎方能免抽籤入讀公立幼稚園的福利。

相較於歐洲國家過去 10 年陸續走出生育率低谷回到 1.7 人以上，我國的生育率卻歷年下探，不僅降至 1.3 人以下的超低生育率陷阱，近幾年甚至落入不到 1 人的生育水準。台灣的生育政策師法歐洲國家建置友善家庭的職場與環境，致力於維持家庭與工作生活的平衡，藉由減輕國人的育兒成本提高生育意願。但是，爲什麼沒有效果呢？

當然，任何政策的成效都必須經過一段時間才能呈現，無法立竿見影。只是非常遺憾地，由於台灣人口結構老化速度實在太快，基於人口總數在生育率下降過程中所積累的負慣性。事實上，現今所有生育政策短期內可能都無法有效提升我國的生育率。

在非婚生子女比例偏低的現實下，唯有能理解國人晚婚的原因，鼓勵並協助其及早進入婚姻，才有可能藉由維持已婚夫妻育養兩名以上子女的生育行爲，進而防止我國生育率持續探底。

根據中央研究院社會學研究 2017 年台灣青少年長期追蹤調查計畫第十二波調查結果顯示：年滿 34 歲依舊未婚、單身的受訪者中，約有 71% 的人想生育；婚後無子女的夫婦中，有 77% 的人想生育，其中無住宅夫妻僅有 31% 的生育意願；已育有一子女的夫婦中，有 71% 的人想繼續生育；又已育有二子女的夫婦中，仍有 14% 的人想生第三胎，主因是子女所帶來的家庭樂趣（Hu & Chiang, 2020）。

　　究竟是什麼原因讓 34 歲以上的國人想生育卻不想結婚呢？而即便已經結婚，則可能因為沒有穩定住所而延宕生育時程，進而降低生育意願。

　　此外，同一份調查，問到受訪者在成為大人指標的重要度問項中，我國 28～32 歲的男女性，只有 36.5% 的男性覺得結婚是重要的，女性更僅有 19.6%；且受訪者中，有 36.7% 的男性認為為人父母是重要的，但女性卻僅有 22.8%。

　　換言之，32 歲以下的國人對於婚姻、生育的想像，與過去嬰兒潮世代、X 世代的父母相當不同。結婚、生育不是他們的人生重要選項。且其中有 90% 以上的男、女受訪者，均認為成年人最重要的指標是對自己行為負責，超過 85% 以上的男、女認為成為大人就必須經濟獨立。

　　參照 2022 年國際資料庫《Numbeo》所做的「房價收入比」調查，台灣的房價與收入比值為 19.73，於全球排名第 18 名，是世界買房難度第 18 高的國家。與台灣並列超低生育率的南韓排在第 12 名，新加坡則位於第 28 名。近年生育率頗有回升的日本，在 1990 年代房產泡沫後今日房價收入比在第 75 名。其他歐洲國家例如瑞典位於 82 名、義大利名列 69 名，法國則排在 59 名。

　　倘若再一步細分都會區與非都會區，該調查中的台灣都會區房價收入比排名會是多少呢？台灣的年輕人沒有能力買房、安定下來，傳統中國文化的「安家」、「立業」，過去被視為人生歷程中重要的結婚、生育決定，也失去吸引力。

　　倘若晚婚少育、甚至不婚不育是國人面臨家庭經濟與照護雙重壓力的因應方式，究竟沒有排富條款的生育現金補助，是真的能夠有效「鼓勵」國人結婚進而生育，還是只是「獎勵」原本就有能力結婚與生育的人呢？又沒有排富條款的生育現金補助，是否可能讓原本想要婚育卻無法婚育的人，反倒要繳稅負擔有能力婚育者的經濟支持呢？

三、國際發展趨勢

低生育率並非我國獨有的現象，而是一個國家在經濟發展過程中，伴隨人口轉型的普遍情況。

歐洲和多數工業化國家於 1960 年代末以降的 10 幾年內，生育率幾乎同時降到 2.1 人的人口替代水準以下，進入低生育率時代。歐洲國家在過去 30 年間，推動各種婚育政策，致力於營造兩性平權的友善家庭職場與社會環境，協助育兒家長維持家庭與工作之間的平衡。

如果以 2016 年的全球重要國家婦女總生育進行比較，其中南歐與東亞國家，如日本、韓國，包括台灣，甚至落入 1.3 人以下（參見圖 4-4）。近半世紀東亞國家的經濟快速發展，步上已開發國家的人口轉型歷程，1990 年代以降生育率陸續跌至 1.3 人的超低生育率陷阱。

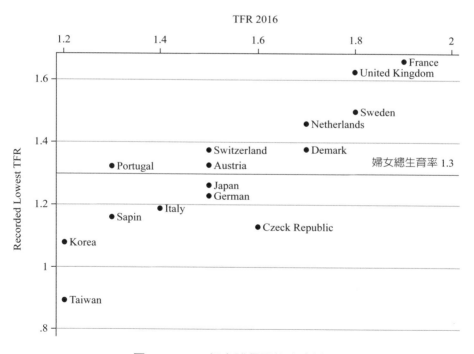

圖 4-4　2016 年全球各國生育率情況

　　歐洲人口學家 Wolfgang Lutz（2006）等人指出，生育率一旦落入超低生育率陷阱，由於人口學、經濟學、社會學三方因素共同作用，生育率將持續下降甚至不可能逆轉。

　　人口在生育率下降過程中會不斷積累慣性，使現有人口年齡結構的年輕世代比例相對較小。且年輕世代因為少子女化的因素，成長過程中，享受比較優渥的物質與關愛。但是隨著人口老化，經濟成長趨緩，薪資無法提升，年輕世代因為經濟與世代扶養壓力進而減少生育。又基於社會文化傳承性，少子女甚至不生可能深植人心，進而降低個人的生育意願。

　　根據美國中央情報局《世界概況》的2022年生育率預測（表4-1），全球227個國家排名中，台灣不僅是東亞地區最後一名也是全球墊底，短期之內似乎難以翻身。由於台灣人口結構老化速度過快，致使任何生育政策短期內皆難以有效拉抬生育率。

　　只是，倘若及時對症下藥，幫助還存有「兩個孩子恰恰好」想望的國人及早婚育，而不是任由房價持續消磨國人的期待，或許是否還有減緩甚至凍結生育率下降的可能？

表 4-1　2022 年全球生育率預測

國家	2022年生育率預測	全球排名
中國	1.45	210
日本	1.38	215
香港	1.22	222
澳門	1.22	224
新加坡	1.16	225
南韓	1.10	226
台灣	1.08	227

資料來源：THE WORLD FACTBOOK。

　　低生育率是一個國家伴隨經濟發展過程的普遍情況，歐洲國家是，亞洲國家也是。落入超低生育率的陷阱，我國也並非特例，而是近代東亞國家的共同處境。既然是各國普遍的情況，政府政策的切入點，最合適方式應該是透過跨國比較，由社會經濟結構尋找解方，而不是藉由現金補貼試圖提升個人的生育意願。

　　目前我國生育政策皆以育兒家庭為標的，強調育兒家長，尤其母親工作與家庭之間的平衡，主要透過提供經濟支持分擔育兒成本，鼓勵已婚夫妻生育。但低生育率不只是女性的生育問題，更是一國勞動人口結構與社會體制搭配是否合宜的結果。

　　人口結構變化影響所及範圍是方方面面，他山之石可以借鏡，檢視台灣生育政策之前，以下回顧其他東亞國家近年施行低生育率措施的概況，有助於思考我國婚育與幼托政策的解決方案。

（一）日本

　　日本是第一個完成生育轉型的非西方國家，也是最早實施低生育率相關措施的東亞國家。1957 年日本生育率即低於 2 人的人口替代水準，爾後緩慢下跌，於 1989 年降至 1.57 人。隔年日本房地產達到頂峰後，房價一夕之間崩跌，約莫於 2012 年始反彈回升。

　　2003 年日本生育率跌破 1.3 人的生育水準，同年政府制定「少子化對策基本法」，設置內閣辦公室、總理與主席，公布「少子化社會對策大綱」。日本政府針對少子化所實施因應政策措施大體可分為四個階段：「天使計畫」（1995～1999 年）、「新天使計畫」（2000～2004年）、「新新天使計畫」（2005～2009 年）與「保育兒童願景」2010～迄今）。

　　第一階段「天使計畫」，著重幼兒托育體系的創立。第二階段「新天使計畫」，則延續第一階段天使計畫擴充托育服務項目，並致力於調和育兒家長的工作與家庭之間的平衡。第三階段「新新天使計畫」，目

標則充實社區家庭支援中心，增加學童課後托育設置，提供與滿足多樣化的托育服務等。

2010 年日本通過「保育兒童願景」，將焦點由「少子化」轉移到「對保育兒童的支持」，以達到育兒家長的工作與生活之間的平衡。就在日本歷經房地產泡沫與房價下修的 20 年，伴隨政府相關生育政策推動，2005 年日本生育率止跌且緩慢回升。

（二）南韓

為因應 1950 年代韓戰後的嬰兒潮人口擴張，南韓政府於 1962 年制定家庭生育計畫，藉由抑制人口成長以促進經濟發展。南韓生育率約莫於 1980 年代初期降至 2 人的人口替代水準，爾後歷年持續下跌。

1990 年代南韓生育率約莫維持在 1.5 人左右，政府逐漸意識到生育率下降，可能導致人口結構老化與社會勞動力缺乏等疑慮，逐於 1996 年取消人口控制的相關政策。

直到 2005 年南韓出現 1.076 人的超低生育率，政府頒布低生育率和人口政策架構法，建立由各部會首長與學者專家組成的「總統委員會」，制訂相關人口政策以提升生育率。第一個五年基本計畫包括：創造一個生養育兒的友善環境、改善老化社會的生活水平、保證未來持續發展。2010 年通過第二個計畫，並為有效促進與鼓勵國人生育，政策決定提供占薪資 40% 的有薪產假，優惠新婚夫婦的住宅貸款，並且大幅增加兒童托育補助與育兒津貼費用等。

然而，近年韓國由營利業者主導的托育服務弊端頻傳，包括教保人員勞動條件不良、托育品質和兒童安全備受質疑，以及家長的育兒經費不減反增等。2022 年 9 月 15 日我國托育政策催生聯盟召開記者會，呼籲各縣市候選人上任後致力擴增公共托育服務，切勿效法韓國以現金補助津貼為主的生育政策。

（三）新加坡

不同於南韓 1950 年代人口增加源自戰後嬰兒潮，新加坡則是因二次世界大戰前接納臨近國家移民，於是人口迅速成長。直至 1958 年新加坡生育率始逐年下跌，約莫於 1975 年達到人口替代水準，爾後持續衰退。

2003 年新加坡生育率降至 1.3 人，落入超低生育率的臨界門檻。隔年新加坡於總理辦公室成立「國家人口政策委員會」，指派內政部長兼副總理擔任委員會主席，作為政府人口政策與移民政策的執掌部門，統籌推動生育政策的相關措施。

2008 年新加坡頒布「婚姻及育兒配套」，推動鼓勵結婚生育政策、育兒賦稅優惠、托育政策與工作生活支持等相關措施。2011 年政府確立以移民作為人口政策的目標，成立「國家人口及人才署」，強調吸引國際人才，同時培養和留住國內人才，藉由促進移民融入以維持新加坡的經濟發展與社會體制延續。

近年我國政府試圖效法新加坡成為中英雙語國家。國家發展委員會於 2018 年底發表《2030 雙語國家政策發展藍圖》，以「厚植國人英語力」與「提升國家競爭力」兩大政策目標，藉此培植台灣年輕人的國際就業競爭力，同時吸引外國企業來台灣投資設廠。

（四）小結

綜合上述關於日本、韓國及新加坡的生育率發展趨勢與生育政策措施沿革，可以發現與台灣經濟發展歷程、傳統性別與婚育文化類似的東亞國家中，即便面臨相同的超低生育率陷阱，但彼此之間的生育政策規劃與效果卻大相逕庭。

目前我國與韓國同樣並列全球超低生育率國家的倒數名次，卻又分別名列世界買房難度第 18 高與第 12 高的國家。兩國的年輕世代同樣飽受貧富不均與房價高漲的經濟壓力，且當整體社會的人口紅利退去，階

級不平等、世代正義與性別平權逐漸分裂社會團結與價值觀，致使政治立場對立與分化。

2022 年我國投入於 0～6 歲幼托經費增加至 800 多億元。鑑於南韓於 2010 年的生育措施，大幅增加兒童托育補助與育兒津貼費用。卻在營利業者主導托育服務且缺乏適當監管制度下，導致教保人員勞動條件惡化、托育品質與兒童安全疑慮，以及家長的育兒經費甚至不減反增等。

根據歐洲國家生育政策的相關研究，多數的生育現金補助與稅賦減免僅有短期效果，唯有提供完善的公共托育服務，方能真正分擔經濟弱勢與一般所得家庭的育兒負擔。

又參照日本 2000 年代的生育政策推動經驗，恰好與日本房產泡沫化落在相同時間點。據 2022 年國際資料庫《Numbeo》的「房價收入比」調查，日本的房價收入比名次位於 75 名，排在法國第 59 名後面，又瑞典位於 82 名。因此，倘若未來日本都會區房價持續回升，日本的生育率能否繼續保持目前狀態，則相當值得台灣關注。

最後，台灣並不若新加坡自始即是多民族的移民國家，台灣漢人約占總人口的 96.42%，並有 2.48% 為世世代代居住在這塊土地上的台灣原住民。正是這塊土地上所有人的努力，終於讓台灣褪去了戰爭的悲情，換得亞洲四小龍的美譽，以及今日的經濟榮景與政治自由。

因此，延攬國際專業人才無疑有助於台灣經濟競爭力。但移民是否適合作為台灣人口政策的終極目標則有待商榷，畢竟人口政策的重點在於人口結構與社會體制兩者之間的搭配合宜。

四、政策目標與規劃理念

戰後 1955 年台灣生育率約為 6.5 人，1964 年我國正式推行家庭計畫，並於 1969 年頒布人口政策綱領，訴求人口合理成長。1983 年進行人口政策綱領第一次修正，隔年我國生育率降至 2.1 人的生育替代水

準，隨著人口成長趨緩，政策目標在於減少抑制人口增長的力度。

　　直到 1992 年進行人口政策綱領第四次修正，隔年我國 65 歲以上高齡人口占總人口比例達 7%，台灣正式邁入高齡社會，人口政策目標改為維持人口合理成長。爾後伴隨生育率逐年下降，人口結構老化速度加快，2018 年我國即從高齡社會過渡至高齡化社會，65 歲以上高齡人口占總人口比例達到 14%。

　　根據最新國家發展委員會的人口推計，台灣即將於 2025 年邁入超高齡社會，屆時社會人口總量中 65 歲以上高齡人口比例將高達 20%，且最快於 2039 年，高齡人口占比可能突破 30%。台灣高齡化的進程，十分地快速，台灣在 2030 年後，甚至比現在的日本人口老化程度更形嚴重，如果少子化現象沒有改善，無庸置疑，台灣將成為全球最老化地區之一。

　　由於台灣人口結構老化速度實在太快，按人口總數在生育率下降過程中所積累的負慣性，致使現今所有生育政策短期內可能都無法有效提升我國的生育率。世界其他國家，由於社會成員對於非婚生子女沒有歧視，且同等享受所有社會福利措施，因此，法國的新生嬰兒數中約有 55% 以上為非婚生子女。

　　根據人口學者的推估，台灣從日治時期截至目前為止，僅約有 4% 的新生兒為非婚生子女。在台灣非婚生子女比例偏低的現實下，唯有理解國人明明想生育卻不想結婚的原因，幫助還存有「兩個孩子恰恰好」想望的國人及早婚育，方能藉由維持已婚夫妻育養兩名以上子女的生育行為，進而防止我國生育率持續探底。

　　以下爬梳我國生育政策發展歷史，以及目前生育政策的施行概況，最後提出較為理想的婚育與幼托方案的政策目標與規劃理念。

（一）我國生育政策歷年沿革

　　我國生育政策的發展歷史大體可分為三個階段：第一階段是

1950～1970 年代初期的家庭計畫施行；第二階段是 1970 年代初期至 2000 年的人口合理成長；第三階段是 2000 年迄今的低生育率時期。

1. 1950～1970 年代初期

1950 年代由於戰後嬰兒潮影響，屆時台灣育齡婦女的平均生育率高達 7 人。為避免人口過度增長，加上該時期歐美國家口服避孕藥上市販售，政府遂於 1964 年著手施行家庭計畫，積極倡導「5 個 3」：結婚 3 年才生育、間隔 3 年再生育、最多不超過 3 個孩子、33 歲以前全部生完。

在政府政策有效推行下，1960 年代台灣育齡婦女的平均生育率逐漸下降至 5 人左右。爾後我國推動勞動密集的出口導向產業，代工產業與輕工業出口擴張，促進女性的勞動參與率逐漸提升，受教育年限亦不斷延長，致使 1970 年代初期生育率持續下跌至 3 人。

2. 1970 年代初期至 2000 年

伴隨 1970 年代台灣出口快速擴張，市場經濟蓬勃帶動基礎與重工業發展，貿易順差不斷擴大，政府採取經濟自由化與國際化的因應策略，重點發展電子、資訊與機械等資本與技術密集產業。經濟結構的自由化鬆動傳統的政治權威體制，政府家庭計畫的口號也由「5 個 3，」轉變為「兩個孩子恰恰好、男孩女孩一樣好」。1983 年台灣女性的勞動參與率達到 40%，屆時育齡婦女的平均生育率接近 2.1 人，正好保持在人口替代水準。

直至 1990 年代，專家學者發現台灣長期生育率下降，且一旦打破人口替代水準的平衡時，可能導致人口總量衰退與人口結構老化，衍伸整體社會勞動力不足、社會體制無法正常運行的嚴重後果，於是積極鼓吹政府相關單位重視低生育率的問題。1993 年台灣 65 歲以上的高齡人口占社會人口總量的 7%，正式成為高齡化社會，政府即將人口政策目標由「人口合理成長」更改為「維持人口合理成長」。

3. 2000 年迄今

　　伴隨兩岸交流日趨密切及異國聯姻增加，地方政府亦由 1997 年開始發放生育津貼，我國生育率下降幅度趨緩，至 2000 年台灣育齡婦女的平均生育率仍有 1.68 人，位居亞洲四小龍之首，也較當時多數的歐洲國家還高。然而，即便專家學者的疾聲呼籲與提前示警，2010 年台灣育齡婦女的平均生育率首度跌破 1，僅有 0.89 人。

　　2018 年台灣 65 歲以上的高齡人口占社會人口總量的 14%，由高齡化社會過渡至高齡社會僅花費 25 年的時間。根據國家發展委員會的人口推計，台灣即將於 2025 年邁入超高齡社會，屆時社會人口總量中 65 歲以上的高齡人口占比將高達 20%，且最快於 2039 年，高齡人口占比可能突破 30%。

　　換言之，台灣必須在相當匆促短暫的準備時間內，因應即將到來的人口結構快速老化，以及人口結構快速老化對於社會體制的全面衝擊。其中，最大問題之一在於，奠基薪資所得的稅收與世代撫養的退休保險制度難以存續。

　　鑑於台灣少子女化與人口結構老化所引發的國安危機，促進國人生育率刻不容緩。終於 2016 年初，行政院核定「完善生養環境方案」召開專案會議，盤點各部會的少子女化措施研議策略，並於該年 7 月推動「我國少子女化對策計畫」，以 2030 年總生育率達到 1.4 人為目標。

（二）完善生養環境方案

　　為促進我國的家庭發展與延續，2014 年政府修正「家庭政策」，推動發展全人照顧與支持體系、建構經濟保障與友善職場、落實暴力防治與居住正義、強化家庭教育與性別平權、宣導家庭價值與多元包容等對策。同時檢討修正「幼兒教育及照顧法」、「兒童及少年福利與權益保障法」以及「性別工作平等法」，推行「性別平等政策綱領」、「擴大幼兒教保公共化計畫」與「兒童與少年未來教育及發展帳戶」等。

　　奠基於既有「家庭政策」的措施基礎，2016 年 1 月 14 日行政院核定「完善生養環境方案」，強化整合多方資源妥善照護兒童，藉此提高國人的生育意願與數量。「完善生養環境方案」以孩子為主體，家庭為中心為規劃理念，提供平價、優質及近便的托育教保服務，建構可兼顧育兒的工作環境，同時適度提供育兒家庭經濟支持，打造「願意生、顧得好」的願景，讓國人樂於生養下一代。

表 4-2　完善生養環境方案策略、措施與具體做法

策略	措施	具體做法
教保公共普及化	優質教保公共化	• 推動公共化教保服務專案小組 • 擴大辦理非營利幼兒園 • 透過評鑑、專案查核及獎勵表揚，提升服務品質
	托育在地社區化	• 居家式托育服務登記制度公共化 • 補助鼓勵地方政府設置公私協力托育資源中心 • 強化托育資源中心，提供整合社區資源之單一服務平台
衡平職涯與家庭	強化企業社會責任	• 將提供哺乳室與托兒服務列入表揚評選指標 • 加強宣導落實育嬰留職停薪政策 • 研議修訂縮短或彈性工時等有助照顧兒童規定
	建構友善育兒職涯及環境	• 倡導父母親共同承擔親職責任，鼓勵企業提供遠距工作 • 引導管理階層及大眾思考育兒及性別平等之家庭價值關聯 • 營造教育與職涯生活衡平環境，鼓勵及早進入婚育階段
支持家庭生養	整合資源智慧育兒	• 運用網路及雲端科技建構服務平台提供托育服務資訊 • 全國托育人員登記管理資訊網公告收退費項目及基準 • 全國教保資訊網公告公私立幼兒園收費相關機制 • 周全生育保健醫療網絡，提供母嬰關懷兒童醫療保健服務
	補強育兒經濟支持	• 檢討居家托育收費項目及基準之合理性 • 研議未來實物給付的育兒政策方式，強化高胎次相關措施 • 檢討綜合所得稅免稅額及各項扣除額 • 持續辦理育子女家庭優先獲得住宅補貼或優先入住社會住宅

資料來源：整理自國家發展委員會完善生養環境方案_核定本。

2017 年 7 月起政府推動「我國少子女化對策計畫」，以「擴展平價教保」及「減輕家長負擔」為兩大重點為施政方針，第一期 2017～2020 年，預計總共照顧約 86 萬多個家庭。現階段政策目標為落實「0 至 6 歲國家一起養」，自 2021 年 8 月起施行「平價教保續擴大」、「育兒津貼達加倍」及「就學費用再降低」三大策略，並於 2022 年 8 月起升級平價教保服務與育兒津貼，投入於 0～6 歲幼托經費由 2016 年的 150 億元，大幅增長至 2022 年的 800 多億元。

然而，部分專家學者與民間團體擔心，雖然政府願意增加幼托的預算金額，卻可能將經費多半用以補助私立幼兒園的業主，藉此滿足在短期內大量供給國人的托育需求。在缺乏妥善托育服務規劃與縝密評鑑查核機制的前提下，私立幼兒園或準公共托育機構的服務品質讓人堪憂，政府也難以擺脫便宜行事、或每到選舉就加碼現金端牛肉的質疑。

2022 年 9 月 15 日托育政策催生聯盟召開記者會，公開呼籲各縣市的首長候選人，未來上任後能致力擴增我國的公共托育服務。該聯盟盤點全台 22 個縣市公共托育服務現況，指出縱然政府宣稱擴增公共化幼兒園，但十年來公私托育機構的比例卻沒有太大改變，迄今仍為 3 比 7，目前六都當中僅有台北市公共化比例超過 40%。

記者會中托育政策催生聯盟主張「0 至 12 歲不中斷的公共托育服務」的訴求，提出五大政策建言：「0 至 2 歲幼兒家外送托率應達 37%」、「以保母、公共化幼兒園為主力，擴充 2 至 3 歲托育服務量」、「翻轉幼兒園公私比至 7 比 3」、「改革公立幼兒園，開辦符合家長合理工時的課後留園服務達 100%」、「公立國小課後照顧班涵蓋率應達 30%」。

（三）婚育與幼托方案

鑑於其他東亞國家因應少子化的人口政策，都是將勞動人口結構、高齡社會調適與育兒支持等議題一併討論，進行通盤整體的評估。

台灣目前由於缺乏一個國家層級的少子女化專責辦公室，難以針對人口政策進行跨領域整合與長期規劃。

我國既有生育政策的焦點放在女性的生育情況，尤其強調已婚女性的育兒壓力，以及工作與家庭之間的平衡。然而，經由上述生育政策的歷史沿革可以發現，生育率降低不只是女性生育意願的問題，而是我國經濟自由化過程中，透過延攬女性作為國家勞動力的一員，共同促進國家的出口擴張與整體經濟發展。

直到房產狂飆的 30 年間，房貸或房租占家庭支出比例大幅提高，女性在家中的經濟角色越加吃重，單靠男性一人的薪資已難以再撐起一個核心家庭甚至三代家庭。此外，1980 年代我國生育率已降到 2.1 人的人口替代水準，目前國人婚後必須面臨同時照護原生家庭與親家的兩難。

因此，我國低生育率現象表面上看似國人的晚婚與晚育，但其隱含的意涵卻是「國家的勞動人口需求」與「個人的家庭照護需求」之間的衝突。低生育率不是單純女性的生育問題，而是一國勞動人口結構與社會體制配適的問題。

生育關乎的不只是「意願」更是「能力」的問題。本文所提婚育與幼托方案，期待能由政府扮演家庭延續的推手，藉由滿足國人的家庭經濟與照護需求，進而達到擴大國家勞動人口的目標，取得雙贏。

本方案試圖透過提供平價與品質優良的社會住宅，協助國人及早進入婚姻，成立獨立的第二代雙薪家庭，並透過完善的公共托育與高齡友善服務，分擔國人的育兒工作與長輩照顧責任，實質提升國人的婚育能力。

然而，根據我國既有的稅收體制尚無法效法北歐成為一個社會福利國家，期待或要求由政府一手包辦所有的社會住宅、公共托育或高齡友善服務，無疑是強人所難，更不符合經濟效益。

倘若政府能扮演身先士卒的角色，率先提供一定數量與品質的社會

住宅、公共托育機構或高齡友善社區，藉此設立市場機制的最低標準與品質。政府提供社會福利的重要性與目的，不是滿足所有人需求，而是爲市場機制的弱勢者服務，進而讓市場機制在該標準之上發展以滿足各種多元需求。

五、策略措施

（一）願景：有家所以有家人

　　此婚育與幼托方案藉由政府提供平價與品質優良的社會住宅，協助國人及早進入婚姻，並透過完善的公共托育與高齡友善服務，分擔國人的育兒工作與長輩照顧責任，成立獨立的第二代雙薪家庭。據此，政府得一方面滿足國人的家庭照護需求，另方面增加既有相關產業的量能與工作職缺，鼓勵已婚女性與中高齡就業，進而達到擴大國家勞動人口的目標。

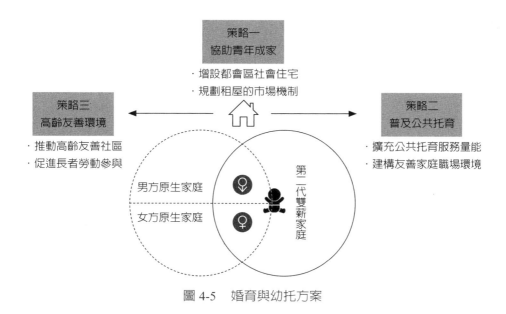

圖 4-5　婚育與幼托方案

（二）目標

婚育與幼托方案的目標有三項：

1. 藉由滿足國人社會住宅、公共托育與高齡友善服務的需求，擴大既有的產業量能與工作職缺，鼓勵已婚女性與中高齡就業，同時分擔國人的家庭照護壓力提升其生育數量。

2. 成立國家層級的少子女化專責部門，針對台灣人口政策進行跨領域且長期的規劃，整合相關數據資料庫，統籌各部門資源以研擬並推動相關政策措施。

3. 重新配置既有生育政策資源，以擴充及優化公共、準公共托育服務的質量為優先，讓托育成為一般所得與經濟弱勢家庭也能輕鬆享有的公共福利。

（三）推動措施

以下本方案提出「協助青年成家」、「普及公共托育」及「高齡友善環境」三大策略，規劃 6 項推動措施，以及 19 項具體作法，詳述如下：

1. 協助青年成家

台灣 1970～1980 年代經濟快速成長，產業型態由傳統農業社會快速發展為現代工業國家，大量人口由鄉村遷移至都市。就在都市化如火如荼之際，卻在一系列外交壓力與兩岸緊張情勢下，政府頒訂農地農用的法規限制，抑制了都市與城鎮周邊的土地供給。

此一同時，為刺激加工產業出口，我國採取低利率與低匯率的經濟措施，並制定鼓勵購屋的相關稅制與優惠利率。就在缺乏多元投資管道情況下，房地產於是成為國人主要的熱錢投資標的。台灣房價歷經快速飆漲的 30 年，即便偶有短暫下跌，仍遠高於今日國人平均工作薪資所能負擔的價格。

　　參照 2022 年國際資料庫《Numbeo》的「房價收入比」調查，台灣的房價與收入比值為 19.73，於全球排名第 18 名，是世界買房難度第 18 高的國家。若再一步細分都會區與非都會區，台灣都會區房價收入比排名會是多少呢？我國目前的現況是，在都會區工作的年輕人，每月往往被迫付出薪資的三分之一以上，來承租品質良莠不齊的房屋。

　　政府不需要大量提供社會住宅以滿足所有人的需求，只要能率先提供一定數量與品質的社會住宅。藉此設立不動產市場機制的最低價格與品質標竿，便能讓市場機制在該標準之上發展以滿足各種多元需求。

(1) 增設都會區社會住宅：建構中央、地方政府及產官學合作機制，整合相關資源，避免各自為政或多頭馬車，共同合力推動社會住宅政策。藉由有效開發與再利用公有閒置資產與土地，持續推動都會區的社會住宅增設，制定不動產市場機制的最低價格與品質，幫助國人找到品質優良且價格合理的住房。此外，鼓勵大專院校提供家庭宿舍，幫助學生及早進入婚育階段。

(2) 規劃租屋的市場機制：規劃健全且透明開放的房屋租賃市場平臺，提供多元完整的租屋訊息，同時建置房屋租賃市場的評鑑與獎懲方式，落實相關法案與政策。避免國人在資訊不足與經濟壓力下，只能被迫選擇品質拙劣與不安全的住所，降低其人身安全與生活福祉。另外，制定租賃稅賦優惠，減輕國人的租屋經濟壓力。

2. 普及公共托育

　　我國現階段少子化政策目標為落實「0 至 6 歲國家一起養」，自 2021 年 8 月起施行「平價教保續擴大」、「育兒津貼達加倍」及「就學費用再降低」三大策略，並於 2022 年 8 月起升級平價教保服務與育兒津貼，投入於 0 至 6 歲幼托經費由 2016 年的 50 億元，大幅增長至 2022 年的 800 多億元。

　　台灣的公私托育機構比例近十年皆沒有太大改變，迄今仍為 3 比

7，目前六都中僅有台北市公共化比例超過 40%。又近年政府推動準公共托育服務，卻有約莫兩成政府補助的私立幼兒園曾遭裁罰，突顯私立托育機構品質良莠不齊。再者，多數公立托育服務缺乏課後留園服務，致使一般雙薪家庭難以配合接送時間。

　　同樣，政府不需要大量提供公共托育機構以滿足所有人的需求，只要政府能提供一定數量的公共托育機構，即能設立托育服務市場機制的最低價格與品質標竿。進而讓市場機制在該標準之上發展以滿足各種多元需求，讓托育成為一般所得與經濟弱勢家庭也能輕鬆享有的公共福利。

(1) 擴充公共托育服務量能：衡量各縣市的實際情況與需求，擴增居家保母、公共與準公共托育機構與托育人員的數量。藉由建構雲端科技網路平台，公開托育服務相關資訊，包括托育人員與機構管理辦法，以及相關收費標準等。制定並具體落實教保服務評鑑程序，建立裁罰規範與管理機制，減少托育機構品質不良的情況，同時規劃多元彈性的收托時間、課後留園、寒暑假收托等服務，讓育兒家長得安心送托。

(2) 建構友善家庭職場環境：鼓勵企業提供遠距工作與彈性工時等選擇，減輕正值育兒階段的員工的工作壓力，倡導不分性別、無論父親或母親皆可同時參與育兒照護。定期清查企業產假、育嬰假、有薪親職假等相關友善家庭措施的執行情況，透過表揚機制允以肯定以提升企業形象，亦可透過提高貸款比例，實際獎勵確實執行友善家庭措施的企業。鑑於國人晚婚晚育情況普遍，研擬與企業合作共同推動人工生殖補助相關措施，協助有生育困難的員工接受人工生殖或試管嬰兒等生殖療程。

3. 高齡友善環境

　　台灣 2022 年高齡人口約有 406 萬人，占整體人口的 17.5%。預計

2025 年我國即將邁入超高齡社會，高齡人口將占整體人口的 20%，五人當中即有一人超過 65 歲。至 2070 年，高齡人口將高達 708 萬人，屆時扶養比約為 1.1：1。

在傳統華人家庭中，女性被視為是家庭的主要照護者，不僅要照顧小孩，亦要照護家族長輩。但伴隨台灣 1970 年代輕工業出口擴張，女性除從事家庭代工外，也逐漸離開家庭進入職場。直到房產狂飆的 30 年間，房貸或房租占家庭支出比例大幅提高，女性於家庭經濟角色越加吃重。但女性與家庭照護者的傳統角色觀念並未脫鉤，致使女性往往面臨家庭與工作兩頭燒的困境。

此外，1980 年代台灣經濟快速成長，大量人口由鄉村遷徙至都市，此時生育率降至 2.1 人的人口替代水準，核心家庭逐漸增加，取代傳統的三代家庭或大家族共住的家庭型態。育齡女性婚後往往再面臨同時照護原生家庭與親家的兩難。

我國的工作年齡人口於 2015 年達到高峰 1,737 萬人後逐年遞減，預期未來工作年齡人口比例將大幅減少，如何有效促進女性進入職場，以及提升中高齡者二度就業是重要關鍵。既往的生育政策往往強調已婚女性的育兒負擔，卻忽略傳統華人家庭觀念中，已婚女性依然是雙方家族長輩的主要照護者。

(1) 推動高齡友善社區：以社區為單位，建置友善高齡的硬體設施與公共空間，同時整合在地醫療服務，導入健康科技技術，提供高齡者安全舒適且促進健康的生活空間。此外，提供多元化的社區課程與社會服務，鼓勵高齡者外出參與休閒活動，維持身心靈的健康發展。

(2) 促進長者勞動參與：辦理職能訓練進修課程，協助有勞動意願的高齡者學習新技能，規劃與開發職涯的可能性。建置友善高齡就業媒合服務平台，提供相關資訊，協助高齡者重返職場與二度就業。

六、挑戰與展望

台灣這塊土地，從四百前荷蘭人踏上的那一刻起，掀開了我們所熟悉的台灣史序幕，以及台灣史的美麗與哀愁。期間歷經多個政體的先後殖民統治，終於在三百多年後，迎來了台灣的經濟奇蹟，冠上亞洲四小龍的封號，是這塊土地上所有人的努力也是驕傲。

也正是這塊土地上所有人的努力，讓台灣在半世紀內由貧窮的農業國家，搖身一變成為富裕的工業國家，經濟自由化牽動政治民主化的改革，轉變過程當然並非一帆風順，有衝突也有血淚。終究，這一塊土地還是成為了今日我們引以為傲的自由民主的台灣。

只是，台灣的經濟奇蹟是驕傲，也是我國今日價值觀對立的伏筆。當社會快速演進、房價與房租持續飆漲，財富高度集中於上層階級，人口紅利伴隨階級複製的加乘效果，致使整體貧富差距迅速擴大。

於是人口紅利退去之時，階級不平等、世代正義與性別平權三者交互作用下，逐漸分裂國人對於婚姻、家庭甚至台灣未來的想像及共識。又一旦落入價值觀的論述爭辯，只會強化既有的對立衝突，犧牲的是當前中下階級的年輕人對安家立業的想望。

然而，其中真正為難的卻是，曾經締造台灣經濟奇蹟、省吃儉用的中下階級，一輩子辛苦努力終於攢錢買下一棟房子，成為家庭中最主要的資產來源。原本希冀能將這樣的財富透過世代承襲贈予下一代，讓子女享有比自己更好的人生與生活品質。現況則只能眼看著自己的兒女，在房價與物價齊漲、薪資則未有相對應提升的情形下，就算不吃不喝二十年，連一棟雙北市的房子都買不起。

低生育率並非我國獨有現象，而是一個國家在經濟發展過程中，伴隨人口轉型的普遍情況，歐洲國家是，亞洲國家也是。落入超低生育率的陷阱，我國也並非特例，而是近代東亞國家的共同處境。

落入超低生育率陷阱的東亞國家中，無論韓國、日本或台灣，同樣

都有年輕人買房困難、貧富差距惡化的現象。我國的少子女化問題根源是階級，而且是台灣長期經濟發展過程中階級複製的結果，解方是稅制與勞動力的合適搭配。

　　基於成長背景不同所導致的婚育價值觀差異是現實，然而，階級複製也是不爭的現實。唯有正視懸殊的房價收入比，願意思考與討論透過「非受僱薪資」擴大政府財稅，才可能凝聚社會共識。隨著輿論搖擺的政治立場，不可能確立目標，遑論規劃長期且不斷調整的婚育與幼托政策。

　　當然，沒有人希望也不敢想像，台灣有可能像日本一樣，歷經可怕的房產泡沫化。政府也不需要滿足所有人的住房需求，卻有義務解決中下階級的住房問題，減輕國人的家庭經濟與照護負擔，進而願意結婚並養育下一代。如此，方能維持一個社會體制的正常運行所需要的勞動力與稅收。

　　本文主張台灣目前婚育與幼托政策的規劃重點，在於維持「國家的勞動人口需求」與「個人的家庭照護需求」之間的平衡。如何從擴大既有勞動人口、同時釋放潛在的婚育人口，藉以維持目前社會體制的運行，並替未來的不動產市場調整與稅制規劃爭取時間。

　　此婚育與幼托方案，建議藉由政府提供平價與品質優良的社會住宅，協助國人及早進入婚姻，並透過完善的公共托育與高齡友善服務，分擔國人的育兒工作與長輩照顧責任，成立獨立的第二代雙薪家庭。據此，政府得一方面滿足國人的家庭照護需求，另方面增加既有相關產業的量能與工作職缺，鼓勵已婚女性與中高齡就業，進而達到擴大國家勞動人口的目標。

　　本方案提出「協助青年成家」、「普及公共托育」及「高齡友善環境」三大策略，規劃6項推動措施，以及19項具體作法，統整於表4-3：

表 4-3　婚育與幼托方案策略、措施與具體做法

策略	措施	具體做法
協助青年成家	增設都會區社會住宅	• 建構中央、地方政府及產官學合作機制，共同推動住宅政策 • 透過社會住宅增設，制定不動產市場機制的最低價格與品質 • 有效開發與再利用公有閒置資產與土地 • 大專院校提供家庭宿舍，鼓勵學生及早進入婚育階段
	規劃租屋的市場機制	• 規劃健全且透明開放的房屋租賃市場平臺 • 建置房屋租賃市場的評鑑與獎懲方式，落實相關法案與政策 • 增加租賃稅賦優惠，減少自有住宅相關賦稅優惠
普及公共托育	擴充公共托育服務量能	• 根據縣市需求，擴增居家保母、公共與準公共托育機構數量 • 建構網路平台公開托育服務資訊、管理機制與收費標準等 • 研擬教保服務評鑑程序，建立裁罰規範與管理機制 • 規劃多元彈性的收托時間、課後留園、寒暑假收托等服務
	建構友善家庭職場環境	• 鼓勵企業提供遠距與彈性工時，倡導父母同時參與育兒照護 • 清查企業友善家庭措施實際執行情況，制定表揚與獎勵機制 • 與企業合作推動人工生殖措施，協助生育困難員工參與療程
高齡友善環境	推動高齡友善社區	• 以社區為單位，建置友善高齡的硬體設施與公共空間 • 整合在地醫療服務，導入健康科技技術，促進高齡者健康 • 提供多元的社區課程與社會服務，鼓勵高齡者外出休閒活動
	促進長者勞動參與	• 辦理課程協助有勞動意願的高齡者學習新技能與職涯再開發 • 建置友善高齡就業媒合服務平台，協助其重返職場二度就業

　　台灣的少子女化問題、婚育與幼托政策，真正缺乏的其實是社會共

識，以及長期執行目標的能力。倘若政府真的願意面對與解決人口結構與社會體制失衡的難題，那麼成立一個國家層級的少子女化專責小組，以實證資料為基礎是前提也是必要措施。唯有一個超脫政黨立場的專責小組，才可能具體實現台灣未來長期的婚育與幼托目標。

參考文獻

1. 行政院。〈土地與人民，族群〉，引自 https://www.ey.gov.tw/state/99B2E89521FC31E1/2820610c-e97f-4d33-aa1e-e7b15222e45a。

2. 行政院。〈「0-6 歲國家一起養―讓年輕人敢婚、願生、樂養」〉，2022/7/18。引自 https://www.ey.gov.tw/Page/5A8A0CB5B41DA11E/ca4ec2ab-1bb8-458e-a09a-。

3. 自由時報。〈年輕人不婚 生育率低落關鍵／中研院社會所調查 僅36.5% 男性、19.6% 女性認為結婚是重要的事〉，2021/4/6，引自 https://news.ltn.com.tw/news/focus/paper/1441430。

4. 托育政策催生聯盟。〈【新聞稿】220915 給我 0-12 歲不中斷的公共托育服務 托盟 2022 年縣市首長選舉托育政策建言〉，2022/9/15。引自 http://cpaboom.blogspot.com/。

5. 研之有物。〈人口學家鄭雁馨談少子化困境：臺灣低生育率的關鍵並非「不生」，而是「不婚」〉，2022/1/15，引自 https://www.thenewslens.com/article/166869。

6. 柯雯綾，〈少子化趨勢下的政策―臺灣與日本托育政策之探討〉。嘉義大學幼兒教育研究所。

7. 國家發展委員會。〈臺灣經濟發展歷程與策略 2016〉，引自 https://www.ndc.gov.tw/News_Content.aspx?n=9D32B61B1E56E558&sms=9D3CAFD318C60877&s=B47DCAA62A4536A7。

8. 國家發展委員會。〈完善生養方案〉，引自 https://www.ndc.gov.tw/Content_List.aspx?n=87190F64E4439F50。

9. 國家發展委員會。〈中華民國人口推估（2022 至 2070 年）〉，引自

https://www.ndc.gov.tw/Content_List.aspx?n=81ECE65E0F82773F。

10. 喀報。〈年輕族群少子生育率低迷〉，2021/4/25，引自 chttps://castnet.nctu.edu.tw/castnet/article/4381?issueID=172。

11. 楊文山、李怡芳（2014）。〈老年年齡的社會建構與想像〉。收錄於趙永佳、蕭新煌、尹寶珊（編），《一衣帶水：臺港社會議題縱橫》（頁51-78）。香港：香港中文大學香港亞太研究所。

12. 遠見。〈哪個國家人民最難買房？全球房價收入比顛覆你的想像〉，2022/1/13，引自 https://www.gvm.com.tw/article/85877

13. 遠見。〈臺灣生育率世界最低！全球最少子化的 5 大國家，為什麼面臨老化危機？〉，2022/8/22，引自 https://www.gvm.com.tw/article/93355。

14. 親子天下。〈幼兒園怎麼挑？公私立幼兒園特色、學費、補助、違規查詢懶人包〉，引自 https://www.parenting.com.tw/article/5092607。

15. 劉一龍、王德睦（2005）。〈臺灣地區總生育率的分析：完成生育率與生育步調之變化〉。《人口學刊》，30：97-123。

16. 鄭雁馨。〈為何孩子越生越少？人口學者鄭雁馨談少子話困境〉，引自 https://research.sinica.edu.tw/low-fertility-rate-raise-children/。

17. Bongaarts, J., & Feeney, G. (1998). On the Quantum and Tempo of Fertility. *Population and Development Review*. 24(2): 271-291.

18. Freeman, Emily, Ma., X., Yan, P., Yang, We., & Gietel-Basten, S. (2017). I Couldn't the Whole Thing': The Role of Gender, Individualization and Risk in Shaping Fertility Preferences in Taiwan. *Asian Population Studies*. 14: 61-76.

19. Hu, Li-Chung, Chiang, Yi-Lin. (2020). Having Children in a Time of Lowest-Low Fertility: Value of Children, Sex Preference and Fertility Desire among Taiwanese Young Adults. *Child Indicators Research*, 14: 537-554.

20. Lutz, W., Skirbekk, V., & Testa, M. R. (2006). The Low-Fertility Trap

Hypothesis: Fores That May Lead to Further Postponement and Fewer Births in Europe. *Vienna Yearbook of Population Research*. 4: 167-192.

21. Numbeo, Retrieved April 2019, from https://www.numbeo.com/property-investment/rankings_by_country.jsp.

22. THE WORLD FACTBOOK〈Total Fertility Rate〉, Retrieved April 2019, from https://www.cia.gov/the-world-factbook/field/total-fertility-rate/country-comparison.

23. Yang, W. S. (2019). Evaluating the Impact of Taiwan's Fertility Policy. Retrieved April 2019, from https ://taiwaninsight.org/2019/03/29/evaluating -the-impact-of-Taiwans-ferti lity-policy/.

Chapter 5

邁向「超高齡社會」：我們能做什麼？

陳端容

一、前言

（一）人口高齡化的全球趨勢與挑戰

　　人口老化是全球共同的挑戰。壽命的延長和人口結構的變化對每個人乃至整個社會都有深遠影響。根據聯合國推估，自 2019 年至 2030 年，全球 65 歲以上高齡人口數將從 7 億人增加到 9.97 億人，將占全球總人數的比率由 9.1% 上升到 11.7%。根據聯合國的定義，65 歲以上人口占總人口比例達 7% 即稱之為「高齡化社會」（aging society），達到 14% 時，稱為「高齡社會」（aged society），達到 20% 時，則為「超高齡社會」（super-aged society）。到 2030 年時，全球將有 51 個國家或地區的高齡人口比率超過 20%，台灣正屬其中之一。

　　歐美國家較早邁入高齡化社會，平均歷程約 100 年。例如，法國經歷約 156 年的時間，進入超高齡社會（65 歲以上人口占 20%），英國則是經歷約 98 年，而美國則是約 86 年（國發會，2016）。其他國家，特別是東亞國家的高齡化速度明顯較快，如南韓及新加坡僅歷經約 27 年，台灣則約經歷 33 年（國發會，2016）。台灣在 1993 年邁入高齡化社會，到 2018 年進入「高齡社會」，其間約耗時 25 年。國發會推估將於 2025 年邁入「超高齡社會」，推估其間歷經僅有 8 年（國發會，2016）。同時，台灣的少子女化趨勢難以逆轉，扶老比明顯高於全球平

均值（Löckenhoff, et al., 2009; Phillips, 2002）。

其次，就全球高齡人口的分布狀況來看，到 2050 年，全球約 80% 的 60 歲以上高齡人口，將集中於較低度開發的國家（United Nations, 2017）。國際貨幣基金（IMF）指出，快速高齡化可能導致較低度發展國家「未富先老」困境，也就是尚未成為高所得國家前，人口結構便已先行老化，大量的社會經濟資源必須轉為照顧快速成長的高齡人口。

老齡人口快速增加對個人與社會運作產生新的挑戰，包括：老人疾病與衰弱加重醫療負擔、失能的壽命過長、社會與家庭的照顧成本增加、少子女化也使獨居及家庭空巢的居住型態成為主流。此外，非政府部門或產（企業）部門及社區支援在地老化的能力及資源不足，使長者面臨「年齡歧視」，代間衝突難以避免（Ayalon, 2019; North & Fiske, 2013；陳端容等，2022），也忽略了長者的智慧、尊嚴、生產力等對社會可能的貢獻（ESCAP, UN, 2017）。

總結全球各國面對人口高齡化所面臨的重大挑戰，大致可分為 6 類：1. 高度發展的國家已經轉型為高齡社會，亞洲國家則面臨快速的高齡化進程，而低度發展的國家如非洲國家，則因為老年人口的壽命增長，慢性病成為主流，但生活經濟條件尚未到達一定水準，傳染病盛行仍大幅度威脅生命，對公衛醫療體系造成所謂的「雙重疾病負擔」；2. 隨著老年人口的增加，85～100 歲老人人口大幅增加，失能與失智的風險也隨之大幅增加，健康餘命的增加極為有限（也就是 60 歲以後預期的健康年壽），即雖然活得久，卻帶著病痛活著；3. 少子女化以及婦女進入職場，使得傳統家庭照顧的人力減少，而必須仰賴家庭外的社區、互助團體或照顧機構人力。照顧人力的短缺不僅挑戰傳統的家庭主義的照顧及財務分擔價值觀，更進一步必須面對如何建立社會信賴與互助制度之難題；4. 85～100 歲高齡人口中以女性居多，多數女性選擇提早離開正式勞力市場，導致老年經濟自主能力不足；5. 醫療體系與長照體系的整合不足，醫療人員集中大型醫院，對高齡人口的醫療需求，缺

乏以「病人為中心」做適應性調整；6. 不合時宜的「高齡」思考典範，窄化高齡者的潛能及對社會的貢獻。

（二）「老化」（**Ageing**）是什麼？

　　到底老化指的是什麼？有所謂的「成功老化」（successful ageing）或「失敗老化」類型嗎？根據世界衛生組織在 2015 年所提出的「健康老化」政策框架，老化指的是「個體與所處環境之間持續相互作用的結果」，而這種相互作用的結果即為身體機能（指的是一個人具有的所有能力和身體功能的總和）的變化軌跡。如圖 5-1 所展示，如果從中年時期開始，在起點處即可能形成 3 條可能的身體機能變化軌跡，而這些不同的發展曲線也代表人們老化具有高度多樣性及異質性的範例。

　　因此，如果每位長者個體的目標都是經歷與 A 一樣的最佳身體機能變化軌跡，代表其持續擁有較好的身體機能，直至生命終止。代表能「活得健康，活得久，也死得快」，也就是所謂的「成功老化」的範例。個體 B 的軌跡與其相似，但在某一時間點，因為某些事件，例如跌倒或是罹患重大疾病（如癌症），導致身體機能急劇下降，隨後雖獲得部分恢復，仍逐漸衰退。當個體 B 如果接受治療後康復，則會擁有較好的軌跡，或甚至完全康復，變成如同個體 A 的變化軌跡。然而，如果缺乏醫療保健或是社會與物理環境支持體系，則可能身體機能會變成持續下降的變化軌跡，如灰色虛線所示。個體 C 的身體機能變化軌跡穩定持續下降，但若藉由醫療保健或是社會與物理環境的支持體系，則身體機能可能會改善，從而翻轉為較好的變化軌跡，如深紫色虛線所示。從這些變化軌跡可見，A、B、C 三者幾乎死於同一年紀，但在老化的過程中，他們的身體機能卻因為是否有良好的醫療保健或是社會與物理環境的支持體系，而變得大不相同（WHO, 2015）。換言之，良好與支持性的社會與物理環境可以使長者在老化過程中發揮較佳的功能。

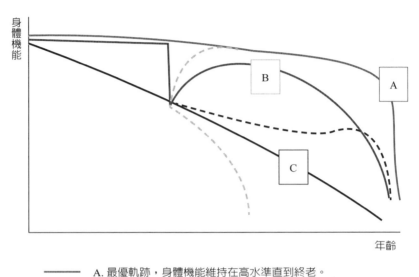

身體機能

B

A

C

年齡

────── A. 最優軌跡，身體機能維持在高水準直到終老。

────── B. 受干擾軌跡，某生活事件導致身體機能下降，隨後恢復。

────── C. 下降軌跡，身體機能逐漸下降直至死亡。

虛線表示替代軌跡。

圖 5-1　3 種基本隨年齡增長的身體機能變化軌跡

資料來源：WHO (2015)。

　　總而言之，老化是一個「身體機能」逐漸衰退的長期累積過程，然而衰退的變化軌跡卻會因人有所不同。從「生命歷程」的角度來理解，早年的生活經驗與社會物理環境因素會決定個體的年老的變化軌跡（是A、B，或 C），以及是否可能變好或變得更差的「替代軌跡」。換言之，老化歷程是個人身體機能與社會及物理環境相互影響的結果，政策的有效介入會造成環境的改善，將能使最多的長者走向 A 的軌跡。因此，老化的成功與否，即是否保持個體 A 發展軌跡，或是在生命歷程因不可預期的事件，由個體 A 的發展軌跡轉變成個體 B 的發展軌跡，之後也能回復爲較好的發展軌跡，很大部分決定於個體是否擁有有效的醫療保健體系，以及支持性的社會與物理環境。換言之，成功的老化是受社會決定因子（Social Determinants）所決定。因此，政策的早期介入，以及整個社會不同層面的覺醒與轉型，提早準備建構以尊重「全

齡」為中心（即不同年齡皆重要）的超高齡社會，對每個人的「成功老化」機會，有重大的影響力。

（三）邁進「超高齡社會」：我們能做什麼？

　　針對上述人口高齡化所導致的根本性挑戰，本篇提出一個立基於全球高齡照顧指引，處理在地社會問題，並展望未來永續可能性的思考框架，提出「新世代幸福安老」新典範。此「新世代幸福安老」新典範以三個基本理念，四大政策目標，及賦能長者五大核心能力（empowerment）為思考框架，使人人都有機會「老得慢、病得晚、生命有意義」。

　　三個基本理念指的是健康安全、尊嚴自主及新高齡教育；四大政策目標指的是：1. 增進高齡者健康與保障自主；2. 提升高齡者非親屬的社會連結；3. 建構多元形式的高齡友善及安全環境（家庭、社區、機構）；4. 推動全社會「反年齡歧視」的高齡教育。而長者的五種核心能力則包括：1. 強化基本身體機能；2. 學習、成長和自主決定的能力；3. 可自由移動的能力；4. 建立和維護社會關係及參與能力；5. 可以且願意在不同層次發揮社會貢獻等，以回應目前台灣社會快速進入超高齡社會所面臨的特殊問題與在地需求。

　　同時，「新世代幸福安老」新典範強調老年族群的高度「異質性」（如不同身體功能、不同社經條件），需要因人、因地制宜，以推動多元型態的健康促進模式，以使長者保持獨立、活躍參與，對社會有積極貢獻。同時，長者個人與家庭、社區、醫療保健體系和國家，都必須共同負起照顧的責任。

二、國內現況分析

（一）人口結構的轉型與問題

　　我國 65 歲以上高齡人口占總人口比率於 1993 年達 7.1%，正式邁入聯合國定義的高齡化（aging）國家門檻。2018 年老年人口比已達 14.5%，進入高齡（aged）國家。根據國發會的中推估（2022～2070），預估到 2025 年高齡人口會升高 20.7%，接近高齡人口比達 21% 的超高齡（super-aged）國家，預估到 2036 年進入高齡人口比達 28% 的極高齡（ultra-aged）國家行列。同時，台灣承受極為嚴峻的少女子化問題，推估 2070 年人口數將降為 1,502 萬人至 1,708 萬人，約為 2022 年之 64.8～73.7%。其中，2022 年老年人口約 406 萬（占 17.5%），2050 年將增至 766 萬（占 37.5%）後開始減少，預估 2070 年為 708 萬（占 43.6%）。老年人口增加的同時，年齡結構亦更加高齡化。依推估 85 歲以上占老年人口比重預估由 2022 年之 10%，上升至 2070 年之 31%，屆時每 10 人中有 4 名為老年人口，且其中 1 名為 85 歲以上之超高齡老人（國發會，2022）。

（二）高齡人口結構的特色

1. 高齡人口教育程度高

　　我國的高齡人口中，65～74 歲的比率占 60%，這個年齡組的人口出生於二次戰後，教育程度較二次戰前出生的世代大幅提升。根據衛生福利部 2017 年老人狀況調查報告顯示，80 歲以上不識字的比率為 33%，65～69 歲有 46.71% 已有國初中（含）以上的教育程度（行政院社家署，2021）。

2. 健康及亞健康人口比例高

　　對於長期照顧的需求，通常以下列 3 類功能損傷程度做為評估依

據：(1) 日常生活活動功能（Activities of Daily Living, ADLs），如進食、移位、室內走動、穿衣、洗澡、上廁所等；(2) 工具性日常生活活動功能（Instrumental Activities of Daily Living, IADLs），如做家事、清洗、烹飪、洗衣、購物、理財、室外行動等；(3) 心智功能。依據衛生福利部調查顯示，65 歲以上人口在 6 項日常生活起居項目（ADLs）中，都沒有困難者，女性占 85.41%、男性占 88.79%（行政院社家署，2021）。

　　女性約有 2.14% 有日常生活起居項目（ADLs）中的 1 項困難；2.93% 有其中 2～3 項困難；9.51% 有其中 4 項（含）以上困難。男性 1.21% 有其中 1 項困難；2.66% 有其中 2～3 項困難；7.34% 有其中 4 項（含）以上困難（行政院社家署，2021）。其次，根據學者研究推估，大約只有 2 成的長者隨著年齡增長，逐漸轉為失能，需要生活及醫療的照顧（Yu, et al., 2015），多數長者可以維持還不錯的身體功能。

3. 百歲人瑞越來越多

　　依據國發會推估，85 歲以上占老年人口比重將由 2022 年之 10%，上升至 2070 年之 31%。屆時每 10 人中有 4 名為老年人口，且其中 1 名為 85 歲以上之超高齡老人（國發會，2022）。進一步來看超高齡人口的成長，也可以看到台灣百歲人瑞越來越多。根據衛福部社會及家庭署 2020 年百歲人瑞的統計，台灣百歲以上老人有 4,042 人。跟去年相比，增加 363 名人瑞，過去五年平均每年增加近 300 名。

4. 高齡人口女性化

　　台灣高齡人口的平均餘命的性別差異顯著。2019 年底時，全體國人的平均餘命為 80.9 歲，女性為 84.2 歲、男性為 77.7 歲。2019 年底時，我國 65 歲以上的女性有 196 萬人、男性人口有 165 萬人，高齡女性人數為男性人數的 1.2 倍。

5. 老化速度快

　　歐美國家較早邁入高齡化社會，平均歷程約 100 年，台灣則約經歷

33 年（國發會，2016）。台灣在 1993 年邁入高齡化社會，到 2018 年進入「高齡社會」，其間約耗時 25 年。國發會推估將於 2025 年邁入「超高齡社會」（65 歲以上人口預計超過 20%），推估其間歷經僅有 8 年（國發會，2016）。

6. 健康平均餘命未盡改善

從長期趨勢來看，台灣人的平均餘命雖然增加，但是平均餘命與健康平均餘命的差距，則長期未有明顯改善。自 2009～2012 年的差距都是接近 9 年，表示有 9 年的時間是與病痛為伍，直到死亡。同時，2018 年底，女性的健康平均餘命為 74.7 歲，不健康平均存活年數為 9.3 年；男性為 69.9 歲，不健康平均存活年數為 7.5 年（衛生福利部，2018），也顯示女性高齡人口不僅比例高，其伴隨病痛的比例也高。

7. 族群健康不平等

原住民的平均餘命則是低於整體平均，不僅如此，根據「108 年全體原住民簡易生命表」，65 歲原住民的平均餘命，女性為 18.4 歲、男性為 14.7 歲，與全體老人之差異，少活 3.65 歲（行政院社家署，2021）。

8. 老人自殺率高

台灣老人自殺率節節攀升，65 歲以上長者的粗自殺死亡率歷年均維持在每 10 萬老人人口 20% 以上，高於其他年齡層（衛生福利部統計室，2011）。台灣 65 歲以上長者自殺死亡率亦高於日本、新加坡及澳洲，僅低於韓國（國民健康局，2009）。

三、國際發展趨勢

（一）全球高齡化政策的源起

聯合國在 1982 年首度於維也納召開全球高齡大會，並通過「高齡

課題國際行動計畫」（International Plan of Action on Ageing），提出包含健康、住宅、環境、家庭、社會福利、所得安全、就業與教育等領域的 62 項建議，首次以全球的角度，討論人口高齡化挑戰及回應。並於 1991 年通過「聯合國老人綱領」，強調應破除老年即衰弱的刻板印象，應提供機會給有意願且有能力的高齡者，讓其能持續參與和貢獻社會。其後，1994 年 The United Nations Economic Commission for Europe（UNECE）於開羅召開的「國際人口與發展會議」（ICPD）將 1999 年定為「國際高齡年」，強調「全齡共享的社會」（A society for all age），並標示應重視高齡者的個人終身發展、代間關係、人口老化與經濟發展，以及年齡歧視等四大面向的反省。

（二）2002 年「活躍老化」（**Active Ageing**）政策框架

2002 年聯合國於馬德里召開「第二屆全球高齡大會」，會中通過「馬德里高齡議題國際行動計畫」，提供全球各國回應人口老化議題的新方向，強調三個優先的領域，包括高齡者的個人發展、高齡者健康與福祉，以及確保使能（enabling）的支持性環境等。在該次大會中，「活躍老化」政策架構，成為許多國家推動高齡政策的依據。

「活躍老化」的政策架構強調各國對於高齡者的思考框架，應由「基於需求」（needs-based）思考框架（假設老年人是弱者，是需要協助的被動角色）轉變為「以人權為基礎」（rights- based）的思考框架。也就是，認為高齡者與其他年齡層一樣享有平等的機會，有權利追求個人的發展與福祉。所謂「活躍老化」的政策架構就是透過政策努力，積極提高長者的生活品質。

「活躍老化」的政策是透過三大主軸方向來達成：1. 健康（health）：提升高齡者健康福祉；2. 參與（participation）：擴增社會互動與參與；3. 安全（security）：保障社會經濟安全與就業機會（WHO, 2002）。

「健康」部分包括四大行動項目：1. 預防和減少因過多失能、慢性病和早死所導致的衛生體系負擔；2. 減少重大疾病的危險因素，增加健康保護因素；3. 建立可負擔、可及性、優質的連續性醫療衛生和社會服務體系；4. 針對醫療衛生人員需提供針對「高齡人口」的認識和教育培訓。

「參與」部分包括三大行動項目：1. 貫穿不同生命歷程，皆需提供教育和學習機會；2. 根據長者個人情況需求、偏好和能力，認可並促成長者積極參與正式和非正式經濟活動，以及志願活動；3. 鼓勵長者持續充分參與家庭與社區生活。

「安全」部分包括二大行動項目：1. 確保隨著年齡增長的權利、財務、人身安全和尊嚴的需求；2. 減少社會不平等，以及老年婦女的權利和需要。

簡言之，依據 WHO「活躍老化」的定義，「活躍」指的是繼續參與社會、經濟、文化、心靈和公民事務，而不只是維持象徵性的年輕身體活動或維持勞動力。同時透過政策引導，達成預期壽命的延長，並認可高齡者的技能、經驗、智慧，以及可能達成的社會貢獻。

（三）2015 年「健康老化」（Healthy Ageing）的政策框架

2015 年 WHO 持續推出「老化與健康」（Ageing and Health）報告，並於 2016 年，通過「高齡化與健康全球策略暨行動計畫」（Global Strategy and Action Plan on Ageing and Health），再度強調高齡化政策的核心價值為：每個人都應有長壽與健康的權利。縱觀這份全球策略及行動計畫的指導原則，包括：1. 人權原則，包括老年人有權利達到最好的健康；2. 性別平等原則；3. 平等與無歧視原則；4. 公平原則；5. 代間連帶原則。

WHO 的「老化與健康」報告指出，積極推動「活躍老化」高齡政策時，需要認識什麼是「老化」的過程。老年健康是一種動態變化，而

不是靜止的，是身體機能和外在環境變化交互作用產生的長期後果。此報告也指出幾個討論健康老化的原則：1. 從老年人功能軌跡的角度去考慮健康問題，而不是關注於他們單一時點罹患疾病的情況；2. 考慮衰老過程的異質性，並解決多樣性產生的不公平；3. 長者皆可能經歷重大的損失，不管是身體機能還是認知能力，但有些損失是可以避免的，應該盡全力去阻止這種損失，但是有些損失卻是無可避免的；4. 老年人功能能力有 75% 主要是受行為和環境中風險暴露累積影響的結果，高齡政策需要考慮老年人所處的社會及物理環境的重要性，並提高長者掌控並適應這種動態變化和可能經受的損失，也就是提升「復原力」（resilience）。

WHO 的「老化與健康」報告強調從健康的社會決定因子（Social Determinants of Health, SDH）觀點來看老化的歷程，認為環境對個人內在能力與健康的影響甚大（WHO, 2008）。包括組成個體生活背景的所有外界因素，從微觀到宏觀層面—家庭、社區和廣大社會。包括環境因素，如建築環境、人際關係、態度和價值觀、衛生和社會政策、支援系統及其提供的服務。因此，每個國家的健康老化政策不是只提高高齡者的福利項目，而是應全面性發展年齡友善環境，並因應高齡者的需求修正健康服務體系，並發展永續與公正的長期照顧體系（包括家庭照顧、社區照顧與機構照顧），以及持續提升健康老化的測量、監測與研究，以利政策修正。

WHO 基於整個生命歷程的角度出發，並以功能觀點切入，將健康老化定義為發揮和維護老年健康生活所需能力（功能）的過程。這些能力是指個體在任何時候都能動用的全部身體機能和腦力的組合，包括長者能夠：1. 滿足自身的基本需求；2. 進行學習、成長和決策；3. 保持移動性；4. 建立和保持各種關係；5. 做出貢獻。

健康老化是由個人內在能力與相關環境特徵，以及兩者之間的相互作用所構成。而環境對功能發揮的影響甚至更大，是老年人能否完成自

己認爲重要的事情的最終決定因素。

（四）2020 年「健康老化的十年」的政策框架

接續 2015～2016「健康老化」政策框架，WHO 於 2020 年將 2020 至 2030 年設定爲「健康老化的十年」計畫（Decade of Health Ageing, 2020-2030），以支持「2030 永續發展目標」理念（Sustainable Development Goals, SDGs）的實踐（WHO, 2020）。

2016～2020「健康老化的十年」計畫有 2 個目標：1. 開展以證據爲基礎的五年行動，最大化每個長者的功能能力；2. 到 2020 年，確立必要的證據和夥伴關係，以支持從 2020～2030 年的「健康老化十年」。此「健康老化十年」包括三大政策規劃原則爲：1. 改變對年齡和衰老的想法、感受和行爲方式；2. 確保社區培養年長者的能力；3. 爲年長者提供以人爲本的綜合照護和基礎衛生服務；4. 爲有需要的年長者提供長期照護服務（WHO, 2020）。

另外 2020～2030 年的「健康老化十年」計畫包括五大策略規劃目標及重要行動領域：

策略目標一：每個國家致力於健康老化：促進健康老化需要有領導和承諾，需要政府與非政府（包括服務提供者、產品開發者、學者和老年人本身）之間的合作，行動目標爲：(1) 建立國家健康老化行動框架；(2) 加強國家制定以證據爲基礎的政策能力；(3) 抵制年齡歧視並轉變對健康老化的了解。

策略目標二：發展高齡友善環境：創造對老年人友善的環境需要多個部門和包括老年人在內的不同的利害關係人的協作和協調，行動目標爲：(1) 培養老年人的自主性；(2) 促進老年人的參與；(3) 提升多部門協調的行動。

策略目標三：使衛生系統符合老年人口的需求，需要轉變衛生系統的設計方式，確保以可負擔得起的方式提供以老年人需求爲中心的綜合

服務，行動目標為：(1) 提升內在能力和功能能力；(2) 發展和確保以經濟上可負擔的方式、獲取以老年人為中心的高品質綜合臨床照護；(3) 確保適當培訓、部署和管理的可持續老人醫療人力。

策略目標四：建立可持續和公平的系統以提供長期照護，每個系統都應幫助老年人保持盡可能高的功能能力水準，使老年人有尊嚴地生活，享受基本人權和基本自由，行動目標為：(1) 建立持續性的、公平的長期照護系統；(2) 建立長期照護人力並支持非正式照護者；(3) 確保以人為本的長期照護的品質。

策略目標五：改善健康老化的測量、監測和研究，專注於研究和改進的測量方法，掌握介入措施的有效性，行動目標為：(1) 測量、分析、描述和監測健康老化的方式；(2) 加強研究能力和創新激勵機制；(3) 統整健康老化的證據。

四、政策目標與規劃理念

（一）借鏡全球高齡政策指引

因應全球人口的高齡化，現今世界各國不只是將高齡政策目標設定在壽命的延長，更進一步提高高齡者的生活品質（包含自主活動能力、獨立生活與活潑的社交生活圈等）。WHO 在 2002 即提出「活躍老化」的政策框架，其政策的終極目標是延長老年人健康餘命，並提升高齡者在老化過程中的生活品質（WHO, 2002）。「活躍老化」的政策框架是以「權利」為基礎的思考模式，代表高齡者的「獨立、參與、尊嚴、關懷和自我實現」是一種基本人權。政府的責任即在於實現這些基本人權，而清楚翻轉過去陳舊的思考框架，認為老化即是代表衰弱、無用、需要幫助，是一種以「需求」（need-based）（假設老年人是「被動」）為基礎的思考模式。

因此，世界衛生組織已明確指出，老化不應等同於生理年齡的多

寡。「老人」不應屬於社會「公認」的一個等待救援的群體，而被排除在主流社會之外。高齡者可以在調適生理機能衰退所帶來轉變的同時，以更積極、正面的方式與社會連結。「活躍老化」指就是長者能繼續參與社會、經濟、文化、心靈和公民事務，而不只是維持象徵性的年輕身體活動或維持勞動力。

其後，2015 年進一步提出「健康老化」的政策框架，認為「健康」是活躍老化的核心基礎，也就是沒有「健康」，也就沒有「活躍老化」的生活品質（WHO, 2015）。在「健康老化」的政策框架下，老化歷程是被看成是個人功能與環境相互影響的結果。這種個人的能力包括個體的固有條件是否能在面對逆境時，維持或促進功能發揮的能力（通過抵抗、恢復或適應）。例如，心理素質可說明個體是否能解決問題，以獲得正向結果，而生理素質則指其是否讓長者在受傷或跌倒後快速恢復，或是社會物理環境（例如，是否有堅實的社會網路，或可及性高的衛生保健和社會服務系統）是否可以延緩長者因內在能力不足所造成的惡性結果。

長者隨時間會經歷重大的損失，不管是身體機能還是認知能力，不管是家庭或朋友的流失，或是社會角色的喪失。有些身體機能損失可以避免，但有些損失卻是無可避免。社會對高齡化的回應不是去否定這些挑戰的存在，而應當從促進長者功能狀況的恢復，並提高他們的適應能力，即所謂的「復原力」。WHO（2015）從功能的角度，指出政府的高齡政策應在不同的老化歷程階段中介入，發展行動方案，才能促進長者對環境的適應，以恢復、保有其所謂的「復原力」，以有效面對老化的挑戰。

圖 5-2 說明達成 WHO「健康老化」政策介入的行動方案（Action Plan）（WHO, 2015）。當長者處在「身體機能強而穩定」的階段，公共衛生的作為是「預防慢性病，或確保早期發現與早期控制」，此時不需要「長期照護」的介入，僅需透過在社會及物理環境中，增強「促進

身體機能的環境與行為」。按照一般人口比例的估算，此部分人口約占
65 歲以上高齡人口的 7 成。

　　其次，當長者處在「身體機能衰退」階段，公共衛生的作為是透過
教育、宣導或是社區活動，以「保持或延緩身體機能衰退」；可能需要
部分的長期照護來「支持與加強身體機能的行為」，例如「復健」介入
等，同時需要透過在社會及物理環境中，增強「促進身體機能的環境與
行為」，以及「消除參與活動的障礙」。

　　當長者處在「嚴重失能」的階段，公共衛生的作為是透過「醫療與
長照的動態整合，以提高照護品質」，在長期照護系統則是要確保「立
基於自主尊嚴的晚年生活」，在社會及物理環境中，「消除參與活動的
障礙」。

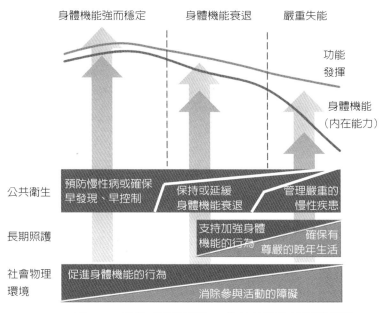

圖 5-2　促進「健康老化」的公共衛生的行動時機

（二）國內高齡人口政策

我國政府近年來針對人口高齡化的發展，曾制訂或修訂重要的政策方針。1969 年行政院曾發布「人口政策綱領」，2013 年通過修訂「人口政策白皮書」，針對人口高齡化提出 5 項對策與 40 項具體措施。2015 年，提出「高齡社會白皮書」，提出「健康生活」、「幸福家庭」、「活力社會」與「友善環境」的四大願景。2017 年實施「長期照顧十年計畫 2.0」（以下簡稱長照 2.0）（行政院社家署，2021）。

2017 年實施的長照 2.0 政策，支持家庭、社區到機構住宿式照顧之多元連續服務，建立以社區為基礎之長照服務體系。包含建置 ABC 三級單位、成立社區關懷據點、巷弄長照站等，政策之推展以居家、社區式照顧為趨勢（簡慧娟，2017）。

2019 年通過「中高齡者及高齡者就業促進法」。2021 年行政院社會及家庭署則提出「高齡社會白皮書」，其中明白揭示「參與」、「自主」、「共融」、「反岐視」及「永續」的未來願景，做為我國高齡社會發展的政策基礎。

（三）「新世代幸福安老」新典範之規劃背景

1. 尊重及面對老年人的多樣性

多數人對長者的概念是將其視為一個同質性群體，而「老化」等同於「脆弱」和「脫離主流社會」。然而，根據一項針對女性的長期追蹤研究指出（如圖 5-3），在 20～40 歲時，社會經濟條件不同的婦女，在身體機能上的表現的確差異並不大。然而，從 40～60 歲的中壯年階段開始，不同社會經濟條件的婦女，在身體機能上的表現即有明顯差異。到了 65 歲以後，儘管所有婦女的身體機能都因為衰老而逐漸變差，然而，不同社會經濟條件的婦女，在身體機能的表現則是呈現更大的差異。這個研究指出，長者因老化而呈現的身體機能的衰弱速度，是個人

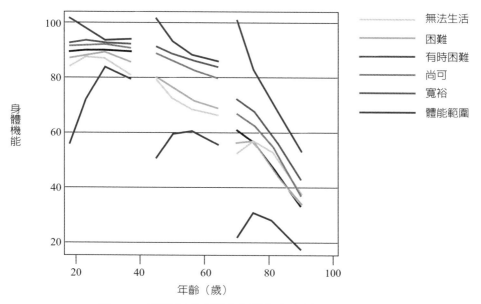

圖 5-3　不同生活水準下不同年齡身體機能的差異

資料來源：Peeters 等（2019）；WHO (2015)。

內在能力及外在環境相互作用的結果。對於那些擁有知識、技能和財務靈活性的長者，老化可能創造了新的機會，但對弱勢的他人來說，這些身體機能逐漸衰退的變化則可能使他們失去從前可以獲得的社會保障。因此，政策規劃需要考量因人設置，因地制宜的多元模式，同時也應面對社會不平等惡化老化衰弱速度的不平等，從而進行政策規劃，積極發展介入方案。

2. 面對健康不平等，照顧弱勢族群

　　長者身體機能的差異多是由其生命歷程中，劣／優勢的社會經濟條件的累積所導致，稱之為累積優勢／劣勢理論（Theory of Accumulated Advantages/Disadvantages）（Ferraro & Shippee, 2009）。因此，對於身體機能弱勢的長者，其必經歷一連串劣勢的社經處境。而政策規劃者必

須面對處於此一階段的長者，本身已不足以翻轉其生活品質，必須透過政府資源的介入與協助。

3.「非親屬關係」下的代間合作及共融

中老年人獨立生活的比例逐年顯著增加。某些歐洲國家，目前 65 歲及以上的老年女性中有 40% 以上獨立生活（CSO, 2007）。向來重視家庭關係的國家如日本，儘管其傳統觀念重視年邁父母需與子女生活，然而近年來多世代共同生活的模式也較不常見（IPSS, 2013）。例如印度，只有 20% 的家庭包含了多代家庭成員（National Family Health Survey Mumbai, 2007）。在台灣，近年來單身及夫妻無子女的家庭比例也急速上升。因此，長者除了依賴自己的子女，也必須學習如何與非親屬關係的年青世代合作與共融。如何在政策規劃上推動非親屬、世代間社會互助系統，以促進社會信任，甚為重要。

4. 照顧人力結構的改變，轉為照顧產業市場及社會互助制度

家庭結構快速改變，依內政部統計資料顯示，1996 年台灣地區家戶人數為 3.57 人，統計至 2015 年，家戶人數下降為 2.77 人。過去女性為家庭中長者主要的照顧人力。然而，隨著女性進入職場，此種家庭照護模式無法持續，長者的照顧人力因此需要改變，當獨立生活仍舊可以持續，個人、社區及公共或私人的照顧服務是主要方式。當長者已經無法獨立生活，機構式照顧承擔主要任務。因此，在政策上必須要能夠鼓勵多種型式、多種不同生活品質條件的機構式照顧產業，以利其能夠蓬勃發展。換言之，讓家庭、國家和私營部門共同完成對長者的照護。

5.「在地老化」不是唯一選項

多數長者與現有的家庭或社區維持良好互動、自主性、安全感和親密感，並產生認同感。因此，「在地安老」通常各國，特別是歐洲國家，一個重要的政策目標。然而，孤寡老人和嚴重失能的長者，或是社區資源不足或不安全、缺乏社會支持的長者，「在地老化」可能並不適

合。「在地老化」不應該成為政府唯一的政策目標。如何在政策上鼓勵不同形式的住宅選擇，例如將私部門的「安養院」、「老人公寓」、「老人別墅」、「老人社區」、「共生住宅」，或甚至「安寧院」等概念，皆應去污名化，讓社會可以接受，做為一種新型態、新選擇的「在地安老」模式。

6. 全年齡的社會包容

對於老年人的觀念應由「基於需求」（needs-based）思考框架（假設老年人是弱者，是需要協助的被動角色）轉變為強調「以人權為基礎」（rights-based）的思考框架。這個思維模式代表依據年齡來劃分人口族群，從而認定老人是「退休」族群，排除在社會變遷與創新之外，是一種不尊重人權的錯誤思維。在健康長壽及良好醫療保健系統的支持下，高齡族群與其他青壯年族群相同，都應該能參與社會，對公共事務發聲。

7. 翻轉傳統的生命歷程思考框架

傳統上考量高齡化社會的指標多使用扶老比的觀念，此觀念自動地將老人當成「依賴人口」。對於未來高齡社會的想像，不僅可能是錯誤的，更會限制人們對於「長者」能力的判斷。隨著「長壽的預期」，人們開始有機會改變對「線性式發展」的生命歷程的期待與想像，例如，可以先養育子女，到 40 歲甚至 60 歲才開始職業生涯。或是在生命的任何階段，改變職業生涯的發展路徑，或者可以選擇在 35 歲選擇休息一段時間，而後再繼續工作。而退休本身也可有多種選擇，如半退出職場，再完全退出職場。因此，長壽與健康的結合，在政策與社會體系的支持下，將翻轉人們對傳統生命歷程的階段分類。這些改變將可以轉變人們對「老年階段」應該要做的「退休」的事，反而可以參與勞動或其他社會活動，為老年人提供更多的機會，使老年人有更多社會貢獻，也使整體社會受益。

　　新的科技與輔助設備所形成的支援性環境，也可以協助老年人在功能嚴重受限的情況下，仍能參與人群與新事物。例如，網路可以幫助與遠方家人朋友會談，以及線上的學習機會。長者可通過直接成為正式或非正式的勞動力、消費，將現金和資產轉移給下一代，對家庭和社會有所貢獻。

五、策略措施建議

（一）三個基本理念

　　本篇立基於 WHO「活躍與健康老化」的政策框架，提出「新世代幸福安老」新典範，以三個基本理念，即健康安全、尊嚴自主及新高齡教育，見圖 5-4，以及四大政策目標，賦能長者五大核心能力，來回應目前台灣社會快速進入超高齡社會所面臨的特殊問題與在地需求。

　　首先，此新典範強調「老化」是以「健康安全」為基礎。因此，醫療保健系統、長照社福體系與社區或非營利組織體系之間，三者需要協調與整合，才能形成動態的社會互助網絡，而這些體系之間的動態整合

健康安全／尊嚴自主／新高齡教育

共照社區
（醫療、長照、社區）　　　　　　　　　　　　社會互助

健康與安全

新世代
「幸福安老」

老化善終　　　　　　　　　　　　　　　　　漸進退休

尊嚴與自主　　　　新高齡教育

圖 5-4　「新世代幸福安老」新典範架構

與永續，需要社會信任及有機連帶（solidarity）爲基礎。因此，社會必須朝向「公民參與」、「社會互助」兩大原則來進行改革。

其次，此新典範堅信所有的高齡政策必須以促進長者的「尊嚴自主」爲原則。尊嚴自主指的是尊重長者的異質性、多樣性及不同的老化條件，也就是高齡人口的城鄉差異、社經差異、教育水準、健康水平差異。不同特質組合的高齡者有不同需求，因此長者應擁有因人因地制宜的「選擇權」，達成行動自主、經濟獨立與善終方式的選擇權利。

最後，新典範特別重視展開更深入全面的新高齡教育。新高齡教育著重下列 5 項舊觀念的翻轉：1.「全年齡」的社會參與及尊重；2. 高齡者退休不等於退出社會，65 歲後的預期壽命可長達 20～30 年，人人都需要規劃自己的第三人生；3. 高齡就業是福不是禍，建立高齡職業媒合平台；4. 翻轉老化印象，讓高齡者有能力、有權利爲自己做決定；5. 新的高齡教育需要是全社會在「老」的觀念上的翻轉。

（二）四大政策目標

其次，「新世代幸福安老」的新典範將透過下列四大政策目標加以規劃：1.增進高齡者健康與保障自主；2.提升高齡者非親屬的社會連結；3. 建構多元形式的高齡友善及安全環境（家庭、社區、機構）；4. 推動全社會「反年齡歧視」的高齡教育，以破除社會對高齡者的刻板印象與年齡歧視。透過上述四大政策目標，進行社會、文化與醫療環境的重新設計，希望達成「長者」行動自主、經濟獨立、持續生產力、能夠與環境和他人建立持續互動、在地社區的歸屬與融入，並強化長者能力再開發與社會的再參與。在實踐的作法上強調社會分工原則，即需要「自助」（個人與家庭）、「共助」（民間／非官方部門（社區及機構），及「官助」（政府）的多元努力，才能達成長者的幸福、尊嚴與社會貢獻。

1. 目標一：增進高齡者健康與保障自主

　　保障高齡者獲得優質的醫療服務與社會照顧，並運用智慧科技於長期照顧服務，協助高齡者保有或維持既有身體機能及其他內在能力。高齡者在疾病末期時具有醫療自主選擇權利，以及相關的「病人自主法」健康識能。

　　政策介入的方向有：(1) 強化高齡者失能、失智之預防措施；(2) 提升醫院服務體系對高齡者之出院準備量能；(3) 推動居家醫療照護服務；(4) 提升居家及住宿式機構的善終照顧；(5) 提升失智者早期發現與診斷；(6) 與在地社區組織，研發因地制宜的「失智症」照護模式。

2. 目標二：提升高齡者非親屬的社會連結

　　鼓勵並支持高齡者參與就業、社會服務、進修學習，維持活躍的社會生活。政策介入的方向有：(1) 促進世代和諧共融，以增進高齡者與不同世代的交流互動、相互同理與彼此尊重；(2) 營造在地共生互助社區、社群與互助生活圈，以建立平等互惠關係；(3) 開發「社會處方箋」，轉變「醫療化」的個人「慢性病治療」框架，成為「社會化」團體支持治療的「慢性病治療」模式。

3. 目標三：建構多元形式的高齡友善及安全環境（家庭、社區、機構）

　　協助改善居家環境與安全，並提升社區環境的高齡友善性與安全性。政策介入的方向有：(1) 增加社區照顧資源；(2) 增加長照資源與區域平衡，以及增進其運用效益；(3)鼓勵社區既有空間轉作長照使用；(4) 增加「公共衛生師」及「社區規劃師」人力，與「里、鄰長」民政系統及地區性非營利「社區組織」，形成多工多方的組織合作平台，提升社區環境的互動性與支持性特質。

4. 目標四：反年齡歧視的新高齡教育

　　年齡歧視廣泛存在於社會各層面。年齡歧視會合理化高齡者社會隔離的正當性，以及高齡者在體能和認知上衰退的觀念，從而減少高齡者

的身體活動與社會參與，對長者和整個社會都有嚴重影響。年齡歧視在醫學教學中更加嚴重，醫學教育的重點幾乎完全放在高齡化導致的疾病與失能問題。醫療人員甚至認為高齡病患無法共同參與自身治療方案的制定，對老年人和衰老持消極態度、行為傲慢、不徵求老年人對醫療服務的喜好、阻止或限制老年人獲取積極的醫療介入（WHO, 2015）。因此，破除全民對高齡者的刻板印象，並增加全民對「活躍及健康老化」識能，特別是針對醫事人員對「活躍及健康老化」之認識與了解，更是未來重要政策目標之一。

　　「新世代幸福安老」新典範需要在社會分工上有清楚的認識，必須同時需要「自助」（個人與家庭）、「共助」（民間／非官方部門（社區、機構及市場 (如勞動、就業及消費）），及「官助」（政府）在年金制度、健保及長照體系健全化的多元努力，才能達成長者的幸福、尊嚴與社會貢獻，詳細見圖 5-5。

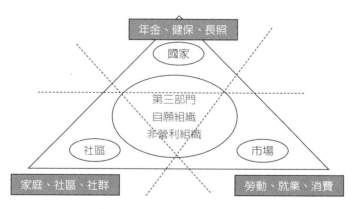

圖 5-5　高齡社會分工架構

（三）賦能長者五種核心能力

　　最終，為具體達成「新世代幸福老化」，政策目標，必須賦能長者五種核心能力（empowerment），並仰賴六個不同政府與社會部門的參

與，以協助長者在不同生命歷程中，能發揮其生命價值。此五種核心能力為：1. 強化基本身體機能；2. 學習、成長和自主決定的能力；3. 可自由移動的能力；4. 建立和維護社會關係及參與能力；5. 可以且願意在不同層次發揮社會貢獻。此五種核心能力必須仰賴六個不同政府與社會部門的參與，以協助長者在不同生命歷程中，發揮其生命價值。表 5-1 列出五種核心能力與六個部門的參與。

表 5-1　提升「新世代幸福安老」五種長者核心能力與六個主要部門的因應措施

核心能力	六個主要部門的因應措施					
	(1)健康和長期照護	(2)社會與經濟安全	(3)居住型態選擇	(4)教育和勞動	(5)資訊和通信	(6)城市環境與運輸
1.強化基本身體機能	• 醫院與長照整合（強化出院準備計畫）。 • 在宅醫療普及化。 • 推動運動處方箋。 • 推廣高齡者認知功能促進活動。	• 實施年金保險，提供最低收入保障。 • 對照顧年長家庭成員的家庭提供幫助。 • 保障經濟弱勢。	• 依據不同身體機能程度，有選擇不同居住型態的機會。 • 居住型態易於在宅醫療及安寧。 • 研發因地制宜的失智症照護模式。	• 增進健康自我管理與監測的能力。 • 強化生理健康基本知識。 • 增進健康識能，增進醫療事務的聽說讀寫能力。	• 提供清晰易懂的健康資訊及醫療服務資訊。 • 提供健康自我管理、照顧及監測的操作平台。 • 增進數位識能及數位能力。 • 研發大數據為基礎的疾病預防資訊平台。	• 確保居住環境安全，食物、空氣與水品質。 • 在一定地理距離內可取得基礎醫療保健服務。 • 道路規劃易於行走，且有具體標誌。 • 公園綠地利於健康促進。

表5-1 提升「新世代幸福安老」五種長者核心能力與六個主要部門的因應措施（續）

核心能力	六個主要部門的因應措施					
	(1)健康和長期照護	(2)社會與經濟安全	(3)居住型態選擇	(4)教育和勞動	(5)資訊和通信	(6)城市環境與運輸
2.學習、成長和自主決定的能力	• 協助建立個人醫療疾病史與基因資訊檔案。 • 規劃個人健康促進方案及管理機制。 • 依個人健康病史協助規劃長期照顧方案。	• 預先規劃長期照顧財務需求。 • 銀行角色轉型，有效協助個人資產轉移為養老（信託）與長照規劃。	• 確保年長者了解有關住房選擇的資訊。 • 在地安老或在宅安老，並非唯一選項。 • 提升在宅醫療能量，支援在地安老。	• 增進電腦和網路的使用（例如：在圖書館或社區中心）。 • 增進辨別網路安全及防止詐騙的能力。 • 確保為聽障人士的電視廣播提供字幕。	• 提供針對長者的多元及科技性的教育計畫。 • 協助增進數位能力融入生活各層面的動機及能力。	• 確保交通運輸第一線員工接受有關年長者需求和非年齡歧視的培訓。
3.可自由移動的能力	• 提供住房需求的早期評估。	• 確保提供專門的運輸選項。	• 協助進行家居內部改造以減少移動障礙。 • 協助創造長者可以短期租屋、換屋或共居的借用平台，以利長者可方便移動於不同市鎮。	• 確保工作場所適應年長者的需求。	• 確保以合宜的格式提供有關交通選項和時間表的資訊。	• 確保年長者和殘疾人可以使用公共交通工具。 • 確保年長者有優先座位。

表 5-1　提升「新世代幸福安老」五種長者核心能力與六個主要部門的因應措施（續）

核心能力	六個主要部門的因應措施					
	(1)健康和長期照護	(2)社會與經濟安全	(3)居住型態選擇	(4)教育和勞動	(5)資訊和通信	(6)城市環境與運輸
4.建立和維護社會關係及參與能力	• 推動社會處方箋，指示社會與文化活動參與的次數及頻率。 • 醫院與地方組織合作辦理健康促進活動。	• 支持志願組織幫助年長者參與志工活動。 • 以時間銀行（或社區貨幣）形式，建立不同互助圈（例如不同的公益社群、社區組織）。	• 建立社區意識，增進居民互動。 • 協助長者開發不同共居的形態（老老、青銀、代間）。	• 降低世代競爭衝突，增進合作機會，長者易於分享專業知識。 • 透過漸進式退休的制度設計，保有長者勞動參與。 • 可設計以勞動事業單位為中心的互助時間銀行，增進事業單位內不同年代的互助與參與。	• 提供有關休閒和社交活動的無障礙資訊。	• 城市公共空間有足夠的年長者活動中心。
5.可以且願意在不同層次發揮社會貢獻	• 醫院提供志工機會，例如參與病友團體的管理與活動規劃。 • 醫院可做為媒合平台，出院長者在社區內可以接待協助團體。	• 保障養老金、年金及儲蓄的運用，進一步鼓勵長者付出與貢獻。 • 防止社會各層面基於年齡的歧視，以增進願意貢獻社會的信心。	• 居住地區有工作及參與志願服務組織的機會。 • 鼓勵貢獻當地社區弱勢族群。	• 確保提供高齡勞工工作機會。 • 防止工作場所年齡歧視。	• 提供讓高齡者易於接受的志願工作機會的資訊。 • 確保提供高齡勞工工作及參與志工活動即時媒合平台。 • 針對年齡歧視進行社會溝通。	• 確保有交通工具可供人們上班或做志願者。

六、挑戰與展望

　　總體而言，世界人口正在迅速高齡化：2015 年至 2050 年間，60 歲以上的人口數量將從 9 億增加到 20 億（占全球總人口的比例從 12% 上升到 22%）。人口高齡化的速度比過去更快，例如：法國有近 150 年的時間來適應 60 歲以上人口比例從 10% 到 20% 的變化，但巴西、南韓、中國、台灣和印度等地僅有 20 多年的時間來適應。

　　全球人類的壽命預期將可以超過 60 歲，甚至更久。壽命的延長提供了參與更多新事務的機會，而長者也可為家庭和社區做出更多寶貴的貢獻。然而，這些機會在很大程度上取決於長者的「健康」。儘管年長者的健康一部分與遺傳相關，但大多數是由所處的物理和社會環境所影響。因此，沒有所謂「典型」的健康年長者，一些 80 歲長者的身體和心智能力與許多 20 歲的人相似。而其他人在年輕的時候，身體和心智能力可能都已經下降。總結來說，來自弱勢社經條件的年長者更容易出現健康狀況不佳的情況，也不太可能獲得他們需要的服務和照護，因此老化階段的健康不平等更甚於中壯年階段的健康不平等。最後，基於年齡的刻版印象或歧視對年長者和整個社會造成嚴重後果，不僅阻礙健全的政策制定，更會嚴重損害年長者所獲得的健康和社會照護品質。

　　本篇提出「新世代幸福安老」的新典範，以三個基本理念、四大政策目標及長者五大核心能力為規劃藍圖，以回應台灣社會快速進入超高齡社會所面臨的問題。三個基本理念為「健康安全、尊嚴自主及新高齡教育」，其中的「健康安全」為最根本的基礎，為了達成醫療保健系統、長照 2.0 體系與社區或非營利組織之間的協調與整合，社會必須朝向「公民參與」、「社會互助」兩大原則來進行改革。因為台灣已經進入無法逆轉的少子女化結構，家庭人口數的將大幅減少，單身、獨居或僅與年長配偶同住的家庭型式將大量增加，因此長者的活動必須仰賴「朋友」、「鄰居」、「志工」等所謂的陌生人。如何轉化原本以「家

庭」照顧為主的文化價值為信任「第三者」的公民社會，實是未來最大的挑戰。其次，「尊嚴自主」重視長者的異質性、多樣性及不同的老化條件，也就是高齡人口的城鄉差異、社經差異、教育水準、健康水平差異，其中，如何創造長者的「選擇權」猶為重要，也就是社會如何可以透過市場、國家及社區，讓不同條件的長者都可以選擇最適宜自身條件的養老文化。最後，「新高齡教育」著重「全年齡」的社會參與及尊重，同時，人人都要有「第三人生」的規劃與準備。

　　四大政策目標為：1. 增進高齡者健康與保障自主；2. 提升高齡者非親屬的社會連結；3. 建構多元形式的高齡友善及安全環境（家庭、社區、機構）；4. 推動全社會「反年齡歧視」的高齡教育，以破除社會對高齡者的刻板印象與年齡歧視。最大的挑戰即在於如何發展社會互助系統，來彌補家庭成員的短缺與功能的喪失。

　　最後，本篇認為「賦能」長者的五大核心能力，至為重要。包括：1. 強化基本身體機能；2. 學習、成長和自主決定的能力；3. 可自由移動的能力；4. 建立和維護社會關係及參與能力；5. 可以且願意在不同層次發揮社會貢獻。核心能力的增能必須從小做起，也就是透過「全齡層」的新高齡教育，認識「老化」是每個人的責任，如同成家立業，是每個人都要培養的核心識能。

　　要實現新世代幸福安老，達成人人都有機會活躍與健康老化，需要各級政府和公、私立部門的行動，以「自助」（個人與家庭）、「共助」（民間／非官方部門（社區及機構）），及「官助」（政府）的多元努力，才能達成長者的幸福、尊嚴與社會貢獻。

參考文獻

1. 中華民國內政部戶政司（2018）。https://www.ris.gov.tw/app/portal/346 (accessed November 28, 2022)。

2. 行政院社家署（2021）。《高齡社會白皮書》。

3. 行政院衛生署國民健康局（2009）。老人健康促進計畫（2009-2012）。
https://www.hpa.gov.tw/File/Attach/953/File_969.pdf。

4. 國家發展委員會（2016）。中華民國人口推估（105 至 150 年）數據－中推估。http://goo.gl/d4kckk。

5. 國家發展委員會（2022）。《最新 2022 至 2070 年人口推估報告出爐》，國發會全球資訊網，https://www.ndc.gov.tw/nc_14813_36128 (accessed November 14, 2022)。

6. 統計處（2013）。死因統計資料集。https://dep.mohw.gov.tw/DOS/cp-2519-3480-113.html (accessed November 28, 2022)。

7. 陳端容、陸子初、吳冠穎（2022）。〈老人是珍寶或是負擔？亞洲青壯世代對老年人的態度〉，《台灣公共衛生雜誌》，41：331-346。

8. 衛生福利部統計處（2011）。https://dep.mohw.gov.tw/DOS/mp-113.html (accessed November 28, 2022)。

9. 衛生福利部統計處（2018）。高齡及長期照顧統計專區，https://dep.mohw.gov.tw/DOS/cp-5223-62358-113.html。

10.簡慧娟（2017）。〈長照 2.0 新作為 前瞻、創新、整合－老人社區照顧政策〉，《國土及公共治理季刊》，5：114-121。

11.Ayalon, L. (2019). Are Older Adults Perceived as A Threat to Society? Exploring Perceived Age-Based Threats in 29 Nations. *The Journals of Gerontology: Series B*, 74(7): 1256-1265.

12.CSO. (2007). *Ageing in Ireland 2007-CSO - Central Statistics Office*. Central Statistics Office. https://www.cso.ie/en/csolatestnews/pressreleases/2007pressreleases/ageinginireland2007/(accessed November 14, 2022).

13.Ferraro, K. F., & Shippee, T. P. (2009). Aging and Cumulative Inequality: How Does Inequality Get under the Skin?, *The Gerontologist*, 49: 333-343.

14.International Institute for Population Sciences. (2007). *National Family Health Survey (NFHS-3) India 2005-06*. Ministry of Health and Family

Welfare Government of India.

15. IPSS. (2013). *The Household Projection for Japan 2010-2035 (Outline of Results and Methods)*. The National Institute of Population and Social Security Research.

16. Löckenhoff, C. E., De Fruyt, F., Terracciano, A., McCrae, R. R., De Bolle, M., Costa, P. T., Aguilar-Vafaie, M. E., Ahn, C., Ahn, H., & Alcalay, L. (2009). Perceptions of Ageing Across 26 Cultures and Their Culture-level associates. *Psychology and Aging*, 24(4): 941.

17. North, M. S., & Fiske, S. T. (2013). Subtyping Ageism: Policy Issues in Succession and Consumption. *Social Issues and Policy Review*, 7(1): 36-57.

18. Phillips, D. R. (2002). *Ageing in the Asia-Pacific region: Issues, policies and future trends* (Vol. 2). Routledge.

19. UN.ESCAP. (2017). *Population Ageing in East and North-East Asia and Its Implications for Sustainable Development*. https://repository.unescap.org/handle/20.500.12870/3840

20. United Nations. (2017). *World Population Prospects*. UN Department for Economic and Social Affairs (UN DESA).

21. World Health Organization. (2002). *Active Ageing: A Policy Framework*. World Health Organization.

22. World Health Organization. (2015). *World Report on Ageing and Health*. World Health Organization.

23. World Health Organization. (2020). *Decade of Healthy Ageing 2020-2030*. World Health Organization. https://www.who.int/publications/m/item/decade-of-healthy-ageing-plan-of-action (accessed November 14, 2022).

24. Yu, H.-W., Chen, D.-R., Chiang, T.-L., Tu, Y.-K., & Chen, Y.-M. (2015). Disability Trajectories and Associated Disablement Process Factors among Older Adults in Taiwan. *Archives of Gerontology and Geriatrics*, 60(2): 272-280.

Chapter 6

地球發燒了！淨零排放行不行？

顧洋

一、前言

　　人類自從 1980 年開始利用衛星量測地表平均溫度後，經過長期監測發現，20 世紀以來，全球地表平均大氣溫度顯著升高。而其對全球環境造成之主要影響，包括海平面上升、極端氣候、糧食生產、公眾健康，及生態環境等，亦陸續被觀測確認。因而，全球氣候變化成為受到廣泛重視的議題。但由於影響全球氣候變化的因素（包括太陽輻射、地球運行軌道、大陸板塊漂移、地球磁場、洋流、火山等）相當複雜，而地球暖化造成影響（如海洋溫度變化、冰山融化等），亦非常不容易被嚴謹確認。而自 1950 年代後期開始對於地表大氣的分析發現，大氣中二氧化碳的濃度不斷升高，對於近代地表平均大氣溫度上升是否與大氣中二氧化碳濃度增加有關？進而與人類活動有關？科學界對於全球大氣溫度升高的具體原因，長期以來一直有不同的見解。但由於近年科學證據更加廣泛明確，因此對於「20 世紀以來地表平均大氣溫度顯著升高，且人類活動極有可能是導致全球氣候變化的主要原因」的看法，近年已經大致達成共識（IPCC, 2021）。

（一）大氣溫室效應與溫室氣體

　　太陽輻射能量經地球大氣吸收、地表及大氣反射後，被地表吸收的能量再以紅外線輻射形式釋回太空。其中部分紅外線被大氣中多種溫

室氣體（greenhouse gases, GHGs）所吸收，使地球大氣得以蓄積熱能，大氣溫度得以維持相對穩定。地球大氣中若沒有這些溫室氣體，地表平均大氣溫度據估計應約為 -18℃，但由於大氣中有溫室氣體的存在，目前實際平均溫度約為 15℃（IPCC, 2007）。水蒸氣是地球大氣中最主要的溫室氣體，但由於水蒸氣可以因大氣中溫度、濕度變化而凝結成水或冰霜，因此大氣中水蒸氣含量不致發生持續累積的現象，對於大氣溫度的影響情形較為穩定。但是大氣中其他溫室氣體的濃度，包括二氧化碳（CO_2）、甲烷（CH_4）、氧化亞氮（N_2O）、氫氟碳化物（HFCs）、全氟碳化物（PFCs）、六氟化硫（SF_6）、三氟化氮（NF_3）等等，則相較於 18 世紀工業革命前大幅提高。以二氧化碳為例，工業革命之前大氣中二氧化碳濃度據估計約為 280ppm，其後由於人類大量使用化石燃料、大規模壞森林、及各種產業與交通排放等因素，造成二氧化碳大量排放並累積於大氣。依據世界氣象組織（World Meteorological Organization, WMO）提出的 2021 年全球氣候狀態報告（Provision Report on the State of Global Climate 2021）（WMO, 2021），說明 2021 年全球地表平均大氣溫度比工業革命之前大約升高達攝氏 1.1 度。大氣中平均二氧化碳濃度則自工業革命前之 277ppm 增加到 413ppm 以上，近年來仍然每年持續增加約 2 ppm。而依據 2021 年聯合國提出的第六次評估報告指出（IPCC, 2022），估計自工業革命以來（1850 年至 2019 年期間），人類活動共已排放約 2.4 兆公噸二氧化碳當量的各種溫室氣體至大氣。由於溫室氣體在自然界的半衰期（自然分解）時間相當長，除非人類在未來幾十年內大幅減少二氧化碳及其他溫室氣體排放，否則到 2100 年全球地表平均大氣溫度將較工業革命之前上升超過 2.0℃以上。

（二）全球氣候變化的衝擊

　　由於人類活動排放造成大氣中各種溫室氣體濃度的快速累積，溫

室效應對全球大氣、海洋、陸地與生態已經造成快速且明顯的衝擊。但溫室效應造成地球各地區的增溫情形並非一致，大氣溫度上升幅度在南北兩極地區可能是全球平均值的兩倍以上。在熱帶地區，大氣溫度上升幅度則可能僅是全球平均值的一半。由於兩極地區增溫高，低緯地區增溫低，所以高低緯度之間的溫度差異因而降低，全球大氣環流系統將會發生顯著變化，全球洋流系統也可能跟著改變。溫室效應造成全球溫度上升，加速水分蒸發導致水平衡的改變，促進全球水循環，導致更為頻繁的極端氣候，為人類健康、自然生態系統帶來威脅。雖然全球降水總量可能會因全球氣候變化增加，但降水的時間和地理分布可能也都會改變。因此有些地區可能變得比較濕潤，有些地區可能變得比較乾燥，這將大幅改變未來全球動植物分布和糧食生產的型態。此外，大氣溫度升高而加速水分蒸發，亦將使地表河川和地下水的補注量相對減少。

而溫室效應造成全球大氣增溫後，森林對於全球氣候變化的適應相對緩慢，導致現有森林生態體系將出現大規模的破壞，對適應較差的動植物，甚至將會造成物種滅絕的命運。而熱帶地區的許多傳染病及寄生蟲，也將因全球氣候變化而擴散到南北溫帶地區，嚴重影響人類健康。全球氣溫上升也造成海洋平均溫度上升，海水在冰層融化加上海水受熱膨脹雙重作用下，將造成海平面上升。在過去約一百年間，全球海平面已平均上升 5 公分，海水面上升會淹沒全球各地沿海低窪地區，使原來居住其地的居民流離失所。海水也會更容易入侵內陸，使土壤和地下水鹽化，因而破壞耕地和地下水資源。

（三）減緩與調適

針對全球氣候變化的挑戰，聯合國全球氣候公約委員會提出兩項主要因應策略（UNFCCC, 2001）：減緩（mitigation）與調適（adaptation）。減緩策略主要是針對幾個溫室氣體主要排放部門（例如：能源部門、產業部門、交通部門、住商部門等），進行溫室氣體之

減量或將溫室氣體捕捉貯存，以降低其排放至大氣；調適策略則是針對受氣候影響的社會經濟面向（包含土地使用、水資源、農業生產、公共衛生及公共建設等），進行全面性策略調整，以適應全球氣候變遷衝擊的影響。長期以來，各國一直是將減緩策略視為因應全球氣候變化的主要策略。近年來，全球已認知到調適和減緩策略是必須同時推動且相輔相成。但由於可投入氣候策略執行的資源（包括人力、財務、技術等）有限，必須將推動調適和減緩策略的資源投入及效益產出間之競合納入規劃考慮。

氣候可視為全球生態所必要且必須共享的資源，雖然目前科技還是無法精準預測未來全球氣候變化的趨勢及廣泛影響，但近年來已發生的一些氣候災害發生頻率及強度似乎比過去預估更頻繁、更激烈。全球氣候變化所引發之影響已經相當顯著，全球氣候危機似乎將比以往預測的更早發生。將會在未來數世紀至數千年對於全球持續造成嚴重影響，導致生態、社會與經濟的重大傷害，成為全球永續發展的最大威脅，因此全球氣候議題已被認為是當今面臨的最大挑戰之一。

然而，全球氣候議題被認為是外部性（externality）極高的公共事務，需要全球共同面對團結合作。但是長期以來許多國家、企業、個人都會有搭便車的想法，儘量避免為氣候議題付出合理代價。全球氣候議題顯然不是任何一個國家或企業可以單獨面對的挑戰，因此個別國家或企業之特定立場，已經不易在全球氣候相關議題扮演單邊關鍵地位，全球氣候議題訴諸國際合作乃屬必然。每一個國家、企業、個人都有責任關注並減緩全球氣候變化，並調整適應快速變化的地球環境。面對未來已無可避免的「新」氣候狀態，必須發展及應用新思維、新策略、新技術才能緩解。因此因應全球氣候變化，將成為未來發展的挑戰與機會，如何將挑戰轉化成機會，將是國家及企業未來永續發展中不可或缺的考量。

二、國內現況分析

我國為具創新特質的高科技經濟體，能源使用密度高，以致溫室氣體的排放量及排放密度始終高居不下。然而我國能源供給條件極為脆弱，加上尖離峰能源使用差異相當顯著，因此我國能源政策必須兼顧能源安全供應、能源使用特性、能源負擔成本，以及環境衝擊（包括全球氣候議題）等考量。國內社會對於化石能源的使用、高耗能產業的發展、核能發電的定位等能源相關議題，長期以來尚未建立共識，經常成為政治爭議焦點。但是面對全球氣候變化與極端天氣的發生，我國處於全球最脆弱的區域，面對的威脅及衝擊也最為直接與嚴重。歷年來發生的颱風、豪雨及乾旱，經常引發嚴重災情，再再凸顯我國自然環境在面對極端氣候的脆弱度，對民眾安全及自然生態構成的嚴峻挑戰。雖然我國不是聯合國會員，無法簽署氣候公約及巴黎協定。然而身為地球村的成員，我國仍應積極因應國際規範，落實建立淨零社會的生活環境，成為淨零生活、綠色產業的實踐者，將永續環境作為國家的根本。

（一）我國溫室氣體管理發展歷程

自 1990 年代以來，我國基於聯合國全球氣候公約提出的「共同承擔但責任差異」原則，積極推動溫室氣體管制及減量政策，確認國內溫室氣體管理與國際規範接軌，降低業界及政府未來因應氣候相關議題之困擾。尤其是針對溫室氣體盤查部分，已有良好之執行經驗及基礎。依據 2008 年行政院提出的「永續能源政策綱領」（行政院，2008），說明我國 2020 年溫室氣體排放總量應回到 2005 年水準；2025 年溫室氣體排放總量將回到 2000 年水準。為提高國家因應全球氣候變化調適能力，行政院又於 2012 年通過「國家全球氣候變化調適綱領」（行政院，2012），內容針對災害、維生基礎設施、水資源、土地使用、海岸、能源供給及產業、農業生產及生物多樣性與健康等八項調適領域，分別提出調適策略與行動方案，並持續檢討修正綱領，以規劃我國邁向低碳社

會之發展藍圖。行政院環保署於 2017 年發布「國家因應氣候變遷行動綱領」，行政院並於 2019 年核定「國家氣候變遷調適行動方案（107-111年）」。行政院國發會為將調適作為從中央深化至地方，分階段補助地方政府研訂「地方氣候變遷調適計畫」。

其後我國於 2015 年通過「溫室氣體減量及管理法」（行政院環境保護署，2015），宣示我國 2050 年溫室氣體排放總量將低於 2005 年排放總量的一半，成為我國溫室氣體減量長期目標。並以 5 年為一階段，由中央主管機關會商中央目的事業主管機關訂定各階段管制目標，行政院已於 2019 年及 2021 年核定我國第一期及第二期溫室氣體階段管制目標。相較基準年（2005 年）分別減量 2% 及 10%，2030 年則維持溫室氣體減量 20% 為努力方向，並將滾動式檢討。「溫室氣體減量及管理法」以循序漸進且階段管理方式推動溫室氣體減量對策，說明我國參考國際現行配套作法，建置溫室氣體管理相關之盤查登錄、查驗管理、效能標準及總量管制與交易制度，避免企業未來遭受國際貿易壁壘之衝擊。

行政院為因應國內外情勢，於 2016 年成立「行政院能源及減碳辦公室」，統籌規劃國家能源政策，推動能源轉型及溫室氣體減量，整合跨部會協調相關事務。2017 年行政院核定「國家因應全球氣候變化行動綱領」（行政院，2017），明確擘劃我國推動溫室氣體減緩及全球氣候變化調適政策總方針，並啟動跨部門因應行動。期能逐步健全我國面對全球氣候變化調適能力，並致力達成我國溫室氣體長期減量目標。未來並將積極推動具經濟誘因之政策工具，以期創造綠色就業機會、提升國家競爭力，確保國家永續發展。

（二）我國目前溫室氣體排放及管理狀況

依據我國於 2022 年 3 月公布之「臺灣 2050 淨零排放路徑及策略」（國家發展委員會，2022），我國 2019 年溫室氣體淨總排放量約

為 265 百萬公噸二氧化碳當量，較基準年 2005 年約減少 1.1%。各類溫室氣體排放以二氧化碳占比 95.28% 為最高，其次依序為氧化亞氮 1.71%、甲烷 1.67%、全氟碳化物 0.49%、氫氟碳化物 0.36%、六氟化硫 0.33%、三氟化氮 0.16%。以部門別區分，製造部門約占排放總量的 51.4% 為最多，其次依序為住商部門 19.38%、能源部門 13.20%、運輸部門 12.89%、農業部門 2.22% 及環境部門 0.94%。

國內相關事業機構自 2002 年以來，即著手開始進行溫室氣體查核工作。對於事業溫室氣體排放源之管理，政府各主管機關亦依據國際標準及其他相關規範，建置推動可量測、可報告及可查證之溫室氣體排放源盤查查驗登錄制度。行政院環保署以國際間已開發使用之各項工具及軟體為依據，配合國內產業特性及需求，建制完成與國際接軌之我國溫室氣體查核制度，以落實國內之溫室氣體盤查工作。而經濟部工業局及能源局等目的事業主管機關，亦配合行政院環保署之整體規劃，針對其主管事業，發展其適用之溫室氣體查核相關規範，對於我國未來進行溫室氣體管理工作之落實，將有具體的助益。我國並參考聯合國清潔發展機制（CDM）精神及作法，對於業者採行溫室氣體自願減量措施者，依實際減量情形核發減量額度，以鼓勵事業及早採行減量行動。統計至 2021 年 10 月已有 85 案抵換專案完成註冊，預估計入期內總減量為 6,864 萬公噸二氧化碳當量，並已核發 1,164 萬公噸二氧化碳當量（行政院環境保護署，2022）。

依據我國已訂定第二期溫室氣體排放管制行動方案配合第二期溫室氣體階段管制目標及 2050 淨零排放目標，規劃能源、製造、運輸、住商、農業及環境等六大部門溫室氣體管理措施重點如下所述：

1. 能源部門持續推動發展再生能源、增加天然氣、減低煤使用，並推動研發碳捕捉及封存、儲能技術，強化電網因應極端氣候的韌性；

2. 製造部門持續協助企業綠色轉型，強化減碳誘因，並推動永續生產及消費模式；

3. 運輸部門持續推廣低碳運輸模式，並加速建構我國電動車產業；

4. 住商部門持續推動新舊建築物能效提升與服務業減碳能力，並擴大與地方政府、產業公協會及企業合作，建立低碳商業示範案例；

5. 農業部門持續推廣友善耕作及森林管理，並強化資源循環利用；

6. 環境部門持續強化污水處理，並推動資源循環零廢棄政策。

　　行政院環保署於 2009 年開始建置碳標籤機制，期望以碳標籤政策強化低碳產品及服務在消費市場之競爭力，並提升消費者對於碳標籤產品及服務的購買意願，至今共有超過 300 項產品及服務取得碳標籤或減碳標籤證書。金融監督管理委員會亦於 2014 年將赤道原則（Equator Principles）納入銀行的授信準則，並要求上市上櫃公司必須履行企業社會責任，積極發展綠色金融。至於我國製造業推動節能減碳部分，目前還是以延續推動自願性節能方案爲主，已經有相當具體之溫室氣體減量績效，但由於我國能源價格長期偏低，不易持續推動企業進行相關設施、設備大幅更新。政府各主管機關亦探討包括碳費、碳稅、能源稅及碳交易等制度推動的可行性，並規劃建立有效的碳交易市場機制，期望透過管制與誘因工具，促進綠色科技投資與發展，達到國家溫室氣體減量目標。

　　我國已於 2021 年預告修正溫管法爲「氣候變遷因應法」，新增徵收溫室氣體排放管理費相關徵收規範。同時積極推動其他能源及環境相關政策，如「電業法」、「再生能源發展條例」、「能源稅條例（草案）」等，爲氣候行動提供更全面的管制工具及經濟誘因（行政院環境保護署，2022）。

三、國際發展趨勢

（一）全球氣候變化綱要公約

　　爲了反映最近幾十年內地表平均大氣溫度顯著升高的現象，科學

界自 1980 年代開始呼籲國際間應正視全球氣候變化問題，並整合世界各國共同解決全球氣候變化可能衍生各種衝擊。聯合國環境規劃署（UNEP）與世界氣象組織（WMO）回應這些科學界的呼籲，於 1988 年共同成立「全球氣候變化政府間專家委員會」（Intergovernmental Panel on Climate Change, IPCC），負責彙整氣候變化相關科學研究成果，並定期提出氣候變化評估報告（assessment report），為國際氣候條約的談判準備充分相關科學依據。IPCC 成立後大幅提升並建置後續全球因應全球氣候變化工作的科學基礎，分別於 1990、1995、2001、2007、2014 及 2022 年提出 6 次評估報告，說明全球氣候變化相關科學研究的前沿成果（IPCC, 2022）。其後聯合國大會於 1992 年通過「聯合國全球氣候變化綱要公約」（簡稱氣候公約，The United Nations Framework Convention on Climate Change, UNFCCC），並經締約方簽訂後於 1994 年正式生效。氣候公約的目標為將地表大氣中溫室氣體濃度穩定在防止全球氣候系統受到人為干擾的危險水平，這一水平應當維持在足以使全球生態系統能夠自然地適應全球氣候變化、確保全球糧食生產免受威脅，並使全球經濟能夠持續發展。氣候公約秘書處設於德國波昂，每年定期召開締約方大會（COP），負責彙整及管制締約方履行氣候公約的各項程序及成果（UNFCCC, 1992）。

（二）京都議定書

　　聯合國全球公約於 1997 年舉辦的第 3 屆締約方大會（COP3）通過京都議定書（Kyoto Protocol, KP），作為進行全球溫室氣體管制的第一份具體規範（UNFCCC,1998），其後於 2005 年生效，明訂管制 CO_2、CH_4、N_2O、HFCs、PFCs 與 SF_6 等六種溫室氣體。並且依據「共同但有區別責任」的原則，規範附件一締約方（以工業化國家為主）於 2012 年的溫室氣體排放減量目標。京都議定書期間（2008～2020 年），全球溫室氣體排放總量自 1990 年之約 320 億公噸二氧化碳當量，至

2020 年已經達到 450 億公噸以上二氧化碳當量（USEPA, 2021）。京都議定書實施多年後，檢討附件一締約方之溫室氣體減量執行績效顯示（UNFCCC, 2015a），多數附件一締約方溫室氣體排放量並沒有達成京都議定書原訂減量目標。且京都議定書期間非附件一締約方溫室氣體排放總量之成長極為顯著。再再顯示即使締約方已建立全球氣候治理之共識，但對於涉及國際溫室氣體減量責任分配、氣候相關資金分攤與運用等議題之立場，各締約方存在顯著之差異。尤其是附件一及非附件一締約方間之共識脆弱，在許多全球氣候相關議題的立場衝突，降低甚至錯失彼此合作的契機，使全球溫室氣體排放管制遭遇極大之挫折。

（三）巴黎協定

聯合國全球公約於 2015 年舉辦的第 21 屆氣候公約締約方大會（COP 21）通過巴黎協定（Paris Agreement），接替已實施近 20 年的京都議定書，作為全球因應全球氣候變化的第二份具體規範（UNFCCC, 2015b）。巴黎協定確定全球減碳之長期目標為全球平均大氣溫升幅限制在不超過工業革命前攝氏 2 度，並致力於將全球大氣溫升保持在不超過攝氏 1.5 度。

巴黎協定要求各締約方回報其「長期溫室氣體低排放發展策略」，以同步推動長期溫室氣體減量；並提出所有締約方應儘早使其溫室氣體總排放量達到峰值，以利於本世紀後半達成全球溫室氣體排放與碳匯之平衡。巴黎協定並要求所有締約方每 5 年都須提出國家自定貢獻（Nationally Determined Contributions, NDCs），依循環境正義、透明、準確、完整、可比較，以及一致性原則，儘採取公約提供之方法及指引，針對其溫室氣體排放、移除及相關減量措施定期提出報告，交由獨立的專業審查機構來進行確證後，再接受國際技術專家的查核。巴黎協定秘書處計畫自 2023 年起每 5 年進行一次全球盤點，確認各締約方執行溫室氣體減量之進度。

　　由於國際間氣候行動相關工作的推動，都有大量資金及技術需求，國際間需要建立靈活的資金籌措及技術轉移架構。因此巴黎協定敦促附件二締約方應依據 2012 年哥本哈根會議的協議，每年提供至少 1,000 億美元，協助非附件一締約方進行氣候相關行動。內容包含氣候相關調適、減緩、技術發展、技術移轉、能力建置，及國家報告準備等。並計畫將於 2025 年前訂定綠色氣候基金（GCF）長期籌資目標。透過各種金融工具、融資窗口等提供資金或財政資源，並設立基金管理委員會，負責管理融資及基金相關運作事宜，在全球氣候調適和減緩行動之間均衡分配資金。巴黎協定並鼓勵所有締約方應建立能力建置、資金、技術以及查核機制，並鼓勵全球所有非締約方）包括城市、機構、民間團體、企業等）共同參與氣候議題，並協助政府推動國家氣候行動計畫（UNFCCC, 2015b）。

（四）全球溫室氣體排放狀況及推估

　　目前已有 194 個締約方（含歐盟）提交國家預期貢獻（NDCs）給巴黎協定秘書處，涵蓋全球溫室氣體排放量約 99% 以上。依據已提交之國家自定預期貢獻估算，2025 至 2030 年間全球每年溫室氣體總量與沒有 NDCs 的情境比較，預期全球溫室氣體減量約為 60 億公噸二氧化碳當量。2030 年全球人均溫室氣體排放量相對於 1990 年將因 NDCs 的實施降低 9%，但由於全球人口增加，以致全球溫室氣體排放總量仍將自 2019 年約為 520 億公噸二氧化碳當量（不包括 LULUCF 部分），增加至 2030 年約 570 億公噸二氧化碳當量。依目前已提交之國家自預期貢獻的溫室氣體排放量推估，到 21 世紀底推估全球平均增溫將超過工業革命前攝氏 2.7 至 3.1 度。要達到巴黎協定宣示 21 世紀底全球平均增溫不超過工業革命前攝氏 2 度的目標，據估計全球每年溫室氣體需減量至約 100 至 120 億公噸二氧化碳當量。而要達到巴黎協定呼籲 21 世紀底全球平均增溫不超過工業革命前攝氏 1.5 度的目標，全球更需於本世

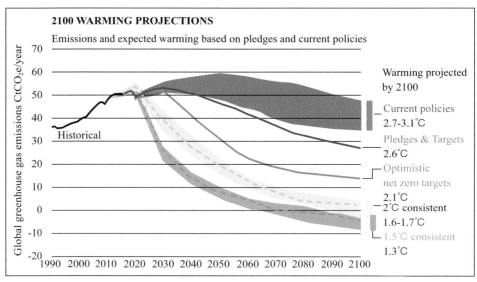

圖 6-1　全球至 2100 年溫升目標與溫室氣體排放量的預測
資料來源：Climate Action Tracker (2020)。

紀後半達成淨零排放（Climate Action Tracker, 2020），如圖 6-1 所示。

（五）全球淨零行動

　　淨零碳排（Net Zero Carbon Emissions）是指人為二氧化碳排放量，經減量（Reduction）及外部抵換（Offset）方式抵消。淨零（Net Zero）則應涵蓋所有溫室氣體排放的抵銷。蘇利南（Suriname）及不丹（Bhutan）兩國已分別於 2014 及 2018 年宣告達成國家淨零（UNEP, 2021）。而其後 2019 年英國明定 2050 年達到淨零，迄今已有百餘國宣布淨零時程，各國淨零宣示方式包括入法、立法、或是發表政策文件，顯示目前國際間對於溫室氣體長期減量責任及目標已逐漸建立共識。淨零已成為國際溫室氣體管制的共同目標，而其目標的達成則寄望於未來各種相關科技及社會運作方式之發展及突破。但是國家淨零需考量許多跨國之技術性細節，譬如國際運輸／貿易產生之碳排放責任分配、及跨

國溫室氣體抵換等，因此各國淨零宣示的內容亦有相當差異。目前有關溫室氣體盤查與減量方法相關之國際標準規範大致完整，但是尚無全球公認一致的淨零定義、碳權抵換與交易規範，嚴重影響淨零及碳權的國際公信力，也不利於向社會推廣淨零概念，展現淨零成果。

四、政策目標與規劃理念

　　針對全球氣候變化衝擊，減緩與調適策略必須相輔相成。國家氣候行動策略的規劃通常會納入社會共識建立、法律與行政架構，以及技術與產業發展等考量。以下謹針對淨零相關的主要政策方向包括：設定溫室氣體減量目標、建置溫室氣體查核機制、氣候金融機制、氣候科技機制等政策目標及策略措施提出簡要說明。

（一）設定溫室氣體減量目標

　　雖然目前國際間對於各締約方設定達成國家淨零目標的期程已大致都設定於 2050～2070 年間，但是對於國家溫室氣體中期減量目標（約為 2030～2035 年期間）的設定則有顯著差異。依據目前各締約方已公布溫室氣體減量中期目標，大多是以基準年溫室氣體減量 30～60% 為目標。由於溫室氣體減量中期目標的設定，將立即衝擊到各締約方目前經濟發展及社會運作，已成為國際間氣候議題規劃的主要關切重點。

（二）溫室氣體查核機制

　　國際間在推動溫室氣體排放減量活動的過程，有賴於「標準化」之量化、監督、報告及查證，以為稽核管理及數據比較的基礎，並為選擇溫室氣體策略以及甚至進行溫室氣體交易時的依據。由於溫室氣體之查核，涉及量測、計算、及申報等技術及管理規範，受到內在因素（如行業特性及控制技術等）及外在因素（如實體管理機制及減量目的）等差異之影響。尤其是有關所謂「被認證」的溫室氣體減量，更需要建立透明、有效、而且可信賴的機制，以確認其溫室氣體減量績效。

　　配合氣候公約的推動期程，國際標準組織（ISO）在 2002 年於負責制定環境管理相關國際標準之 207 技術委員會（TC 207）成立工作小組，積極著手制訂溫室氣體盤查相關之國際標準化規範，以因應溫室氣體跨國管理及交易，釐清設施、排放實體及計畫間之關聯性，並說明排放實體進行溫室氣體盤查、實體界限設定。國際標準組織已完成用以量測、報告及查證溫室氣體排放的三項 ISO 14064 標準、ISO 14065 國際溫室氣體排放驗證／認證標準、ISO 14066 國際執行環境管理系統評鑑與驗證／登錄機構標準、及 ISO 14067 國際產品碳足跡標準（行政院環保署，2004）。

　　對於締約方提交 NDC 相關之排放清冊及國家報告，涉及溫室氣體相關資訊公開與透明化的要求，巴黎協定仍然依循「量測、報告與確證」（Measurable, Reportable, and Verifiable, MRV）機制，以建立締約方提交相關報告之可信度及透明度。

（三）氣候金融機制

　　針對全球氣候變化衝擊，為支持推動包括減緩與調適策略的相關氣候行動，目前締約方採取的氣候金融機制大致包括：政府預算、市場機制、公私部門夥伴計畫、費率及財稅機制、綠色獎勵機制等。為協助氣候公約締約方透過國際合作方式，以最小執行成本達成溫室氣體減量目標，京都議定書曾建立排放交易（Emissions Trading, ET）、共同履行（Joint Implementation, JI）和清潔發展機制（Clean Development Mechanism, CDM）等三種彈性減量機制，亦即所謂的「京都機制」，確定碳權概念。一般而言，碳權的來源包括：組織尚未使用的核發碳權，以及協助其他組織減少碳排放所取得的碳權。但是由於碳權交易是屬於市場運作，本身並沒有實質減碳效益，因此碳權及碳交易一直存在道德爭議。但其確實可以提升排放源執行減碳措施的經濟誘因，因此碳權與碳交易仍被認為是未來淨零減碳的重要手段之一。

（四）氣候相關科技機制

　　爲因應全球氣候變化衝擊，國際間積極開發包括減緩及調適相關創新技術，綜觀氣候相關科技範疇，主要區分爲再生能源、節能技術、溫室氣體捕捉、濃縮、再利用與封存技術（CCUS），以及氣候調適相關技術等。

1. 再生能源技術

　　再生能源是指「可從持續不斷補充的自然過程中，得到的能量來源」。再生能源泛指多種來自大自然、取之不竭的能源。例如：太陽能、風力、水力、地熱等，惟現今人類實際使用之再生能源遠遠低於其可被開發的潛力。目前全球使用能源約有 20% 來自再生能源，其中約 13% 爲傳統生質能（主要爲木柴、廢棄物等），約 3% 是來自大水力；來自創新再生能源（小水力、生質能、風能、太陽、地熱等）則只約有 4%。爲因應推動淨零的風潮，開發具有自主、低碳特性的再生能源技術，已成爲世界各國積極推動的重要目標。

2. 節能技術

　　節能技術是藉由材料替換或改良、製程設備／產品改良、製程系統整合等技術，達到減少節能減碳目的。由於氣候相關科技多屬新興科技，對於技術發展里程及標的、已成熟科技之商業化應用、先進科技之開發示範、科技政策之配合規劃及國際間科技之合作開發、擴散及轉移部分則仍待加強。特別是對於氣候相關科技的發展，應強調社會認知之重要性，以避免不必要之投資及浪費。

3. 碳捕捉再利用及封存技術

　　除了確實推動能源節約、發展低碳能源、調整產業結構等措施，以降低溫室氣體直接排放量之外。對於不易甚至無法避免之溫室氣體排放，仍然需考量減低其排放至大氣之可能。因此對於碳捕捉再利用及封存技術（Carbon Capture, Utilization and Storage, CCUS）的開發，近年來

已成爲世界各國積極探討的方向，其中包括：二氧化碳之收集及濃縮技術、二氧化碳之轉化及再利用技術，以及二氧化碳之儲存及固定技術。

4. 氣候調適相關技術

因應氣候變化的主要調適領域，包含土地使用、水資源、農業生產、公共衛生及公共建設等。其實過去有許多相關技術都已被廣泛使用，其中有些技術經過調整及強化後，確實可以有效降低氣候變化可能造成的衝擊。但是有些氣候衝擊的調適，則可能需要開發應用新科技、高科技、甚至是未來科技的發展來解決。

依據巴黎協定之規定，締約方應認知氣候相關科技對於執行減緩及調適行動之重要性。近期以來，技術專家針對於全球氣候相關科技的發展方向及進度大致樂觀，但對於氣候相關技術發展里程及標的、成熟科技之商業化應用、先進科技之開發示範、科技政策配合及國際間科技合作開發、擴散及轉移部分則認爲仍待加強，並應確定對於氣候相關科技智財保護的立場，以鼓勵全球對於氣候相關技術之研發。

對於氣候相關科技計畫之評估，則應充分運用相關科技評估工具，並考量全球氣候變化。鑑別影響國家發展之優先方向及部門，具體回應氣候相關減緩及調適之技術需求，避免不必要之科技投資及浪費。並推動氣候相關技術轉移，以利氣候相關科技在國內及國際間之發展與轉移（UNCTCN, 2021）。

（五）氣候行動與永續發展

聯合國於 2012 年提出涵蓋人類（People）、地球（Planet）、繁榮（Prosperity）、和平（Peace）、及伙伴關係（Partnership）等考量的「2030 年永續發展議程」（Agenda 30 for Sustainable Development），並於 2015 年倡議永續發展目標（Sustainable Development Goals, SDGs），作爲世界各國及聯合國於 2016 至 2030 年間推動永續發展的努力目標。其中永續發展目標第 13 項（SDG 13）即爲「採取緊急行動

應對全球氣候變化及其影響」，或簡稱爲氣候行動（Climate Action），其中包括 5 項細項目標及 8 項指標，呼籲所有國家採取緊急措施因應全球氣候變化及其影響，並應強化氣候相關災害的預防及復原能力，重點在於強調國家對於氣候風險因應政策與能力之建構（UNSDG, 2019）。巴黎協定呼籲所有締約方應全力支持 2030 年永續發展議程及聯合國永續發展目標的達成，特別是降低全球氣候變化對於貧窮、飢餓，以及農業等發展目標的衝擊。締約方並應關注全球氣候與循環經濟相關議之關連性，結合政府、非政府組織及企業共同推動氣候與循環經濟相關之經驗交流、能力建置、與政策建議等活動（UNFCCC, 2015b）。

四、策略措施

　　國家氣候行動相關策略之建構目的，在於指導各政府部門彙整溫室氣體相關資訊，以長期進行氣候風險管理，並依據環境變化與相關策略實施成效，持續監測及檢討調整氣候行動管理內容。依據「臺灣 2050 淨零排放路徑及策略」（國發會，2022 年）之規劃，內容涵蓋我國至 2050 年淨零之軌跡與行動路徑，以「能源轉型」、「產業轉型」、「生活轉型」、「社會轉型」等四大轉型，及「科技研發」、「氣候法制」兩大治理基礎，輔以「十二項關鍵戰略」，針對多項重要領域制定行動計畫。2050 淨零是我國跨世代、跨領域轉型之重要策略。其內容提及未來我國整體能源消費將成長趨緩甚至呈現負成長；但因未來能源使用轉向電力，以及經濟發展等因素影響，我國長期電力消費預估年均成長約爲 2%。我國碳排放密集度將持續降低，顯示溫室氣體排放逐漸與經濟成長脫鉤。目前政府已將 2050 淨零排放目標納入「氣候變遷因應法」草案，作爲引領我國未來中長期氣候行動之法制基礎。依據「臺灣 2050 淨零排放路徑及策略」內容規劃，我國未來淨零轉型將分爲兩階段：

（一）短期階段（2022～2030年），以達成低碳為目標

我國短期淨零規劃，將持續執行目前實施之減碳措施，致力減少能源使用與非能源使用產生的溫室氣體排放。能源系統部分將透過能源轉型，優先推動風電和光電，並布局地熱與海洋能技術研發，並增加天然氣以減少燃煤的使用。政府並宣示將在2030年前投入9,000億元預算推動減碳相關計畫，未來八年平均每年投入淨零的相關預算超過千億元，其中新增預算3,200億，其主要計畫預算分布如圖6-2所示。

（二）長期階段（2030～2050年），以朝向零碳發展為目標

我國長期淨零規劃，將落實發展中淨零技術能如期落實實施，並調整能源、產業結構與社會生活型態。能源系統將極大化建置再生能源，並透過燃氣機組搭配碳捕捉再利用及封存（Carbon Capture, Utilization and Storage, CCUS），以及導入氫能發電，建構零碳電力系統，提高電力部門零碳能源占比。積極推動各產業部門及民生用具之電氣化，減少非電力使用之碳排放。積極投入各種技術開發：包括高效率風電及光電發電、碳捕捉再利用及封存（CCUS）、氫能發電及運用之技術。

2050淨零轉型主要計畫至2030年預算近9千億

圖6-2　2030年前政府投入淨零轉型主要計畫預算分布

資料來源：國家發展委員會（2022）。

　　我國 2050 淨零排放規劃如圖 6-3 所示，2050 年我國總電力結構將為：60～70% 之再生能源、9～12% 之氫能，以及搭配碳捕捉之火力發電 20～27%。在非電力能源去碳化方面，將投入創新潔淨能源（如氫能與生質能）之開發，以取代化石燃料，並將積極規劃提升國土碳匯量能抵銷其他溫室氣體排放方面（如：甲烷、氧化亞氮、含氟氣體等）。

　　依據 2050 淨零排放藍圖，我國 2050 淨零排放路徑里程規劃如圖 6-4 所示，自短期開始不興建新燃煤電廠、陸續擴增各種再生能源裝置容量、完成智慧電網布建、依碳捕捉再利用及封存技術（CCUS）發展進程，導入燃煤／燃氣電廠運用；並須搭配產業、住商、運輸等部門之各階段溫室氣體排放管理措施，藉以達成 2050 淨零排放之長期目標。

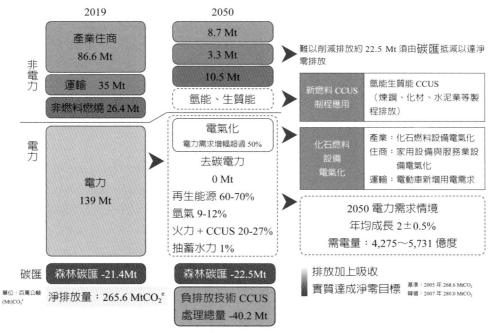

圖 6-3　我國 2050 淨零排放規劃

資料來源：國家發展委員會（2022）。

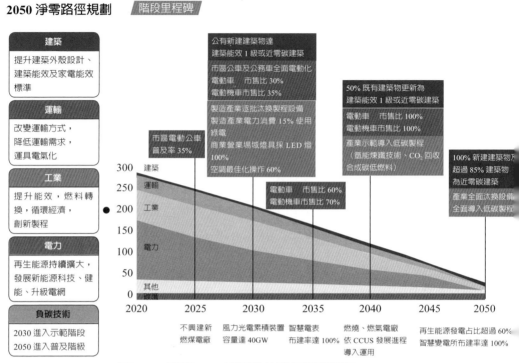

圖 6-4　我國 2050 淨零排放路徑里程規劃

資料來源：國家發展委員會（2022）。

　　依據「臺灣 2050 淨零排放路徑及策略」之主要內容，以下謹針對溫室氣體減量目標、溫室氣體查核機制、氣候金融機制、氣候科技機制等政策項目提出簡要建議說明。

（一）溫室氣體減量目標

1. 我國尚未明確訂定國家中期溫室氣體減量目標，將影響企業規劃淨零路徑。因此建議我國應基於充分之科學基礎，考量排放源社會責任，設定中期溫室氣體減量目標。並定期檢核國家減量目標執行成效，以利行政究責及外部監督。

2. 由於我國並非氣候公約締約方，無法有效進行國際碳權轉移，而非核

家園政策亦使我國無法將核電納為低碳能源選項。若比照日、韓等競爭國的溫室氣體減量中期目標（日本 46%，韓國 35%），設定我國中期溫室氣體減量目標，對於我國氣候行動將極具挑戰。

3. 淨零目標及策略與民眾生活方式、經濟活動等有密切的關連性，由於理念差異，以及利害關係對立，極易引發爭議。應建立開放、透明的公民（包括青年、NGO 等）溝通參與機制，建立利害相關者間的夥伴關係，共同推動淨零相關行動。

4. 淨零目標及策略應納入中央及地方政府各項重要政策之考量，並應提升政府機構執行能力，建立適當之經濟誘因及行政管制機制。以積極推動相關產業結構調整、循環經濟，以及相關研發活動，有效達到經濟成長與及溫室氣體排放脫鉤雙贏的目的。

5. 因應未來氣候公約及巴黎協定對於溫室氣體管制的管制，宜及早規劃溫室氣體管理人員之教育訓練及管理事宜，加強其對於系統驗證、數據分析及模組運用方面之專業能力。並應將淨零目標及策略相關內容適當整合至相關教學及宣導課程，以確保溫室氣體管理可以落實。

（二）溫室氣體查核機制

1. 目前我國對於溫室氣體查核，是以大型排放源為對象。應考量溫室氣體減量責任之公平正義，並及早因應國際對於供應鏈（一般稱為範疇三溫室氣體排放）溫室氣體減量要求的壓力，建立中小型排放源溫室氣體查核登錄體系。

2. 溫室氣體查核涉及行業特性、控制技術、管理機制及減量目的等之差異；因此應開發及引進符合國際相關查核規範，並以生命週期分析（LCA）為考量基礎之溫室氣體排放管理相關技術。檢視目前國內各產業之溫室氣體排放標竿值與國際同業競爭優勢性比較，致力於在符合巴黎協定等國際管制規範下，爭取國際間認同我國淨零績效。

3. 多年來我國在推動 ISO/CNS 9000 品質管理系統及 ISO/CNS 14000 環

境管理系統的實施，已有相當具體的成果。未來我國企業應積極強化溫室氣體管理系統與既有之 ISO/CNS 品質／環境管理系統整合，將溫室氣體管理納為推動管理系統運作的重要部分，以達成溫室氣體排放持續減量的期望。

（三）氣候金融機制

1. 對於我國研議未來將徵收碳費或其他氣候相關稅費（碳稅、能源稅等）及推動各種金融工具（包括碳交易市場體系）之相關策略設計，應基於相關國際既有規範，並考量我國市場規模及特性，以支援落實氣候相關政策措施為目標。並期盼國內氣候金融機制運作成熟後可取得國際公信，再考慮透過投資或國際認證的方式，參與溫室氣體國際合作減量機制。

2. 由於國家及企業未來可投入氣候行動執行的資源（包括人力、財務、技術等）有限，應考量相關氣候及淨零策略的資源投入及效益產出間之競合，建立明確氣候及淨零管理稽核及績效評估原則與運作方式，以確保相關氣候行動執行的有效性。

3. 由於碳權管理（含碳交易）可能涉及不同部會的行政權責，建議應考量碳權管理（含碳交易）制度設計與目前各部會既有行政措施結合之方式，並積極推動相關碳權管理（含碳交易）相關技術研發以及專業人才培育。

4. 我國現行能源費率的訂價方式，並未能充分反映溫室氣體排放之內部與外部成本。而現行能源費率訂定及各種費率補貼，亦不符社會公平正義，不利於後續推動氣候及淨零策略，包括節能減碳之推動、耗能設備產品之汰舊換新、再生能源產業之發展、及能源結構之調整。

（四）氣候相關科技機制

1. 由於我國能源進口依賴度極高，因此對於開發及引進提高能源效率及

開發再生能源等相關技術需求極爲殷切，以期抵消部分因經濟成長所帶動的能源需求成長，達到淨零目標。

2. 氣候相關科技發展範疇，應將自然基礎解決方案（Natural-Based Solutions, NBS）如植林等，以推動並創造植生造林之碳匯，並將法治、社經、教育相關科技納入淨零目標及策略之技術發展規劃。

3. 對於氣候相關科技的研發應用，還需強調社會認知之重要性，將意見溝通納入考量，以提升民衆對於氣候相關科技之接受及支持。

4. 運用相關科技評估工具，妥善選擇、規劃及發展氣候相關科技，確保氣候相關科技機制與金融機制間的配合，避免不必要之科技投資及浪費。

六、挑戰與展望

　　由於全球氣候議題的急迫性及嚴重性，對未來各國環境、社會及經濟發展之影響相當深遠，因此相關議題的發展，近年來已成爲國際間積極關切運作的重點。自聯合國全球氣候變化綱要公約生效後，迄今已歷 30 年，全球氣候治理歷經京都議定書以至於目前的巴黎協定。雖然在京都議定書階段全球溫室氣體減量的執行成果有限，不足以因應全球氣候變化的挑戰，但其間累積之國際溝通、合作經驗及反思，已成爲巴黎協定後續推動氣候治理的基礎。雖然巴黎協定仍有多項重要議題（包括短中長程溫室氣體排放目標、氣候調適、氣候金融、溫室氣體減量技術、減量績效查核機制等）之具體運作原則與方式仍須建立共識，以利後續執行。但以巴黎協定通過後歷次氣候公約會議之觀察，未來巴黎協定之後續運作，應仍將會廣納各締約方意見及京都議定書階段執行經驗，建立妥協性高而且平衡之相關論述及規範，以利後續全球氣候治理之推動。

　　面對未來已無可避免的「新」氣候狀態及氣候衝擊，也許有些衝擊可以藉由人類過去累積的經驗及技術加以改善；但是有些因全球氣候變

化可能引發的衝擊，則可能是人類歷史上前所未遇的挑戰，必須發展及應用新思維、新策略、新技術才能緩解。而學習與「全球氣候變化後」氣候共存，調整人類生活與社會運作系統，進而減少氣候衝擊造成的傷害，甚至創造更符合未來全球氣候變化的有利機會，也將是國家未來永續發展必須認真面對的必要考量。

淨零策略涵蓋廣泛，包括技術與管理部分，跨層級（包括政府、行業、公司、NGO 等）的思考越發重要，將成為新世代的挑戰與機會。如何將挑戰轉化成機會，將可能是未來國家競爭力中不可或缺的部分。全球新冠疫情的意外爆發，顯示許多社會典範（包括治理、科技、法律、人權等）的運作界限都被挑戰甚至改變，因此尋求創新有效的淨零策略，亦應跳脫過去思考藩籬。

我國人口稠密、資源缺乏，環境脆弱度高，極端氣候事件造成災害頻繁；因此因應氣候議題，需要更精密、更細緻、更有效率的策略規劃與執行。由於我國並非聯合國氣候公約締約方，應善加考量未來國內環境保護、經濟發展、能源安全、及國際關係之發展趨勢，選擇回應聯合國全球氣候變化綱要公約及巴黎協定的最有利定位，並持續確保淨零策略管理與國際接軌，以期將氣候挑戰轉化成為推動永續發展之機會，落實淨零目標。

參考文獻

1. 行政院（2008）。永續能源政策綱領。
2. 行政院（2012）。國家全球氣候變化調適政策綱領。
3. 行政院（2017）。國家因應全球氣候變化行動綱領。
4. 行政院環保署（2004）。溫室氣體減量查核機制與標準化探討專案工計劃期末報告。
5. 行政院環境保護署（2015）。溫室氣體減量及管理法。
6. 行政院環境保護署（2022）。2021 年中華民國溫室氣體國家報告

7. 國家發展委員會（2022）。臺灣 2050 淨零排放路徑及策略報告書。

8. Climate Action Tracker. (2020). Paris Agreement Turning Point, https:// climateactiontracker.org/documents/829/CAT_2020-12-01_Briefing_ GlobalUpdate_Paris5Years_Dec2020.pdf

9. IPCC. (2001). Third Assessment Report, https://www.ipcc.ch/assessment-report/ar3/.

10. IPCC. (2007). Fourth Assessment Report, https://www.ipcc.ch/assessment-report/ar4/.

11. IPCC. (2022). Sixth Assessment Report, https://www.ipcc.ch/assessment-report/ar6/.

12. UNCTCN. (2021). 2021 Progress Report.

13. UNEP. (2021). The Emission gap Report 2021.

14. UNFCCC. (1992). United Nations Framework Convention on Climate Change, https://unfccc.int/resource/docs/convkp/conveng.pdf.

15. UNFCCC. (1998). Kyoto Protocol, https://unfccc.int/resource/docs/convkp/ kpeng.pdf.

16. UNFCCC. (2001). National Adaptation Programmes of Action

17. UNFCCC. (2015a). National Greenhouse Gas Inventory Data for The Period 1990-2013, https://Unfccc.Int/Resource/Docs/2015/Sbi/Eng/21.Pdf.

18. UNFCCC. (2015b). Paris Agreement, https://unfccc.int/process-and-meetings/the-paris-agreement/the-paris-agreement.

19. UNSDG. (2019). Climate Change, https://sdgs.un.org/topics/climate-change.

20. USEPA. (2021). Climate Change Indicators: Global Greenhouse Gas Emissions, https://www.epa.gov/climate-indicators/climate-change-indicators-global-greenhouse-gas-emissions.

21. World Meteorological Organization. (2021). Provision Report on the State of Global Climate 2021.

Chapter 7

別讓陸地被海水淹沒！
氣候變遷調適措施不能等

蔣本基

一、前言

工業革命以來，全球經濟快速發展，自然資源和能源的不斷消耗。尤其在木材與化石燃料部分，造成全球碳循環破壞，進而引起全球氣候變遷、暖化。近三十年氣候變遷產生的全球性風險，在國際間成為關注焦點。聯合國世界氣象組織公布「2018 年全球氣候狀況聲明」，大氣層溫室氣體濃度持續上升並迭創新高，2015～2018 年連續 4 年高溫紀錄，2018 年的年均溫比工業革命前的基準值整整提高了 1℃。致使海洋累積的熱含量達到新峰值，高山冰川正在快速縮減，極圈海冰的面積持續降低，及全球海平面升幅再達新高值。

國際氣候變遷小組（Intergovernmental Panel on Climate Change, IPCC）指出，若溫室氣體排放速率不變，將會產生各種損害。包括：溫度上升、海平面上升、降水型態改變、糧食安全、水資源與生態系統破壞、極端氣候事件強度與頻率升高、傳染病擴散、酸化表層海水等。無論在自然生態、經濟、社會、政治、文化各方面無可避免地深入衝擊，甚至有資源分配問題引發國際衝突。自 2000 年以來，氣候變遷一直被列為十大風險之一，2011 年更列為首要風險，超過了財政危機、貧富差距等重大議題。據此，氣候變遷帶來的自然災害造成人類生命及財產重大的衝擊與影響，已成為人類社會無法永續發展的主要原因之一，氣候變遷乃現今全球不可避免必須面對、解決之問題。

（一）聯合國永續發展目標

1992 年聯合國召開地球高峰會，正式建立永續性概念。2000 年聯合國舉行千禧年大會，與會 189 個國家共同簽署「千禧年宣言」，承諾在 2015 年前達成 8 項「千禧年發展目標」。緊接著於 2016 年 1 月 1 日各國領導人同意簽署聯合國所訂定以「促進繁榮同時保護地球」為宗旨的 17 項永續發展目標。

檢視聯合國永續發展目標中 17 項目標（見圖 7-1）與 169 細項目標，其中目標 3「良好健康與福祉」、目標 6「清潔飲水與衛生設施」、目標 7「經濟適用的清潔能源」、目標 9「產業、創新和基礎設施」、目標 11「永續城市和社區」、目標 12「負責任消費與生產」、目標 13「氣候行動」、目標 14「水下生物」、目標 15「陸地生物」及目標 17「伙伴關係」等皆與低碳永續直接相關。而研析其中各細項目標，可以發現各該目標所列出的範疇，橫跨綠能節電、低碳生活、綠色運輸、生態綠化、資源循環、永續經營等諸多議題，均與因應氣候變遷有密切關聯。加強公民永續教育，了解氣候變遷影響及因應對策，建立減緩與調適策略，為目前世界各國努力的方向。

圖 7-1　聯合國永續發展目標

（二）氣候變遷調適

　　為了維繫自然生態系統穩定平衡，進而確保生存安全與永續發展，目前因應對策主要分為減緩（Mitigation）與調適（Adaptation）兩類策略。減緩作為主要是削除氣候變遷之成因，減少溫室氣體排放。調適指調整適應，為降低氣候衝擊與其影響，而在自然或人類系統所做的調整，如：落實國土規劃與管理；加強防災避災的自然、社會、經濟體系能力；推動流域綜合治理；優先處理氣候變遷的高風險地區，及提升都會地區的調適防護能力。

二、國內現況分析

　　依據台灣百年觀測資料以及聯合國政府間氣候變化專門委員會（Intergovernmental Panel on Climate Change, IPCC）第5次評估報告（Fifth Assessment Report, AR5）所述各種溫室氣體排放情境，進行台灣氣候變遷未來變化趨勢如下：

1. 氣溫變化：在 RCP 8.5 情境下，21 世紀末台灣的氣溫則可能增加 3.0 到 3.6 度，熱浪天數將增為 110 到 180 天之間。
2. 降雨變遷趨勢：總體降雨量變化不明顯，濕季（夏、秋）的降雨量增加超過 10%，乾季（春、冬）降雨量將減少 10 至 20%。
3. 颱風、海平面與季節變遷趨勢：未來侵臺颱風個數有減少的趨勢，但是強颱比例與平均颱風降雨強度將增加；台灣海平面變化趨勢預估與全球一致可能上升 0.63 公尺；季節變遷趨勢將更為明顯，夏季將越來越長，冬季越來越短。

（一）氣候變遷衝擊

　　極端氣候變遷帶來越來越多災害事件，2001 年納莉颱風導致淹水重創台北市。隔年 2002 年春天與 2003 年北區乾旱導致民生、企業與農業均受到顯著衝擊。接著 2004 年艾莉颱風造成石門水庫上游大面積崩

坍，大量泥沙與倒塌樹木進入石門水庫。導致原水濁度太高，自來水廠無法處理，桃園地區連續缺水 17 天，帶來嚴重社會經濟衝擊。南部地區也同樣遭受極端淹水與乾旱事件，2009 年的莫拉克颱風一個典型的極端暴雨事件，反觀莫拉克颱風來襲前，南部正面臨缺水危機。2018 年春天南部乾旱，曾文水庫部分庫區甚至見底，但颱風季節又帶來強降雨導致嚴重淹水。

極端氣候事件對於交通運輸的影響極大，以港口而言，2016 年莫蘭蒂颱風使高雄西子灣的四艘漁船擱淺。而影響港口的氣候與海洋因子則包含低溫、高溫、霧、降雨、風、暴潮及平均海平面上升等，這些因子可能衝擊著港口的營運作業安全、危及電力系統、癱瘓污水設備，降低港口作業能力，以及增加維護成本。綜合上述，未來氣候變遷可能導致極端降雨、海平面上升、高溫及旱災等危害，對台灣水、土、林多面向可能造成之影響衝擊，可歸納為下列五大面向：

1. 水資源與自來水供應層面：高頻率高強度且持續更久之乾旱、降水和融雪型態改變、蒸發量增加、及海水入侵地下水含水層，對人體健康及供水系統帶來嚴重衝擊。

2. 水環境與生物生態層面：由於極端天氣事件，對水利基礎設施和水生生態系統造成影響；氣候、海水和淡水水域不斷變暖，導致水生生態系統健康狀況惡化，並改變水生生物生態。

3. 災害防治與永續工程層面：氣候暖化造成優勢藻類改變，且水溫增高亦利於藻類生長，提高優養化之威脅影響水災；災害型態可結合海平面上升、洪水和風暴增加，增加崩塌規模並造成更多土砂進入水體，產生土砂災害複合式衝擊影響公共工程安全。

4. 應變管理與行政管理層面：多數法令規範未將氣候變遷納入考量，造成行政部門間資源無法整合，影響防災、減災及救災之效能。

5. 民眾及非政府組織參與層面：任何政策的制訂與推行，需有民間力量的參與，方可事半功倍，反之則多窒礙難行。

（二）推動歷程

　　我國調適法規與政策推動歷程：2012 年發布「國家氣候變遷調適政策綱領」、2014 年核定「國家氣候變遷調適行動計畫（2013-2017年）」、2015 年「溫室氣體減量及管理法」、「海岸管理法」、2016年「國土計畫法」、2017 年核定「國家因應氣候變遷行動綱領」、及2018 年「水利法」修訂通過，啓動「國家氣候變遷調適行動方案（2018-2021 年）」。

　　氣候變遷除帶來對水資源、空氣品質、廢棄物等環境問題外，同時會對交通運輸、能源供給、通訊設備及國民健康等造成衝擊影響。因此，行政院成立跨部會之「國家氣候變遷調適行動計畫」則責成各部會分工，將氣候調適工作分由 9 個調適領域：1. 能力建構—環保署；2. 災害—科技部；3. 維生基礎設施—交通部；4. 水資源—經濟部；5. 土地使用—內政部；6. 海洋及海岸—內政部；7.能源供給及產業—經濟部；8.農業生產及生物多樣性—農委會；9. 健康—衛福部，中央各目的事業主管機關需進行氣候變遷調適策略之研擬與推動。組織分工情況如圖 7-2 所示。

（三）總體調適策略規劃

　　依循聯合國氣候變遷調適政策綱領（UNDP Adaptation Policy Framework）、英國氣候衝擊計畫的調適精靈（UKCIP Adaptation Wizard）、歐洲氣候調適平台的調適支援工具（CLIMATE-ADAPT Adaptation Support Tool），國科會於 2011 年正式啓動「台灣氣候變遷調適科技整合計畫」（Taiwan integrated research program on Climate Change Adaptation Technology, TaiCCAT）。提出氣候變遷調適行動計畫建構六步驟，分別是：1. 界定問題與目標；2. 評估現況氣候風險；3. 評估未來氣候風險；4. 界定氣候調適選項；5. 規劃氣候調適路徑；6. 監測與修正氣候調適路徑（如圖 7-3 所示）。

```
               國家氣候變遷調適
               行動計畫組織分工
                     ↓
                    行政院
                     ↓
               行政院環境保護署
```

能力建構	災害	維生基礎設施
環保署、國發會、財政部、科技部、教育部、金管會、原民會、衛福部、經濟部、各機關	科技部、經濟部、交通部、農委會、文化部	交通部、工程會、通傳會、經濟部
水資源	災害	海洋及海岸
經濟部、交通部、環保署、農委會	內政部、交通部、環保署、農委會	內政部、國發會、交通部、經濟部、農委會
能源供給及產業	農業生產及生物多樣性	健康
經濟部	農委會、海委會、經濟部	衛福部、勞動部、環保署

圖 7-2　國家氣候變遷組織分工

資料來源：行政院環保署氣候變遷生活網。

圖 7-3　氣候變遷調適六步法

資料來源：Tung, et. al. (2019).

　　前述之「台灣氣候變遷調適科技整合計畫」（TaiCCAT）、與「氣候變遷研究聯盟」（CCliCS）、及「台灣氣候變遷推估與資訊平台計畫」（TCCIP）同為科技部三大氣候變遷重點計畫。總計畫內容包括：示範計畫、國際網路、統籌規劃、科學報告、評量系統及知識平台，下分三組：1. 環境組：海洋監測、資料加值、大氣監測、陸地監測、地質監測、海岸監測及生態監測；2. 評估組：能力建構、環境災害、公共衛生、糧食安全、生態系統及水資系統；3. 治理組：風險管理、科技規劃及國土規劃；定期發布台灣氣候變遷衝擊報告，成為台灣政府應對氣候變遷調適策略擬定的最重要參考（如圖 7-4 所示）。

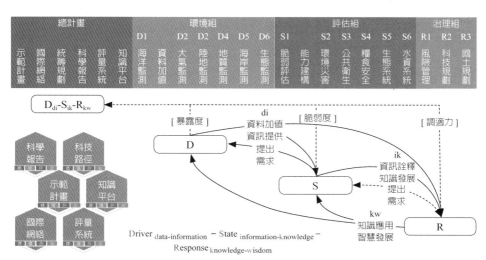

圖 7-4　TaiCCAT 總計畫與三大分組間之合作關係暨六大產出
資料來源：國科會氣候變遷調適科技整合研究計畫電子報，第一期。

三、國際發展趨勢

　　氣候變遷溫室效應已被國際重視，各國官方與非官方組織已進行各類型之減排策略，但此全球暖化及氣候變遷的趨勢非減排就能避免。因此，利用多種調適模式及方法來調整經濟與社會發展，確保人類於全球

暖化影響下生命財產安全並持續發展。國際上，各國政府也積極投入調適計畫，例如：1. 歐盟在 2007 年綠皮書（Green Paper）採取綜合、協調的方式處理氣候變遷調適問題；2. 加拿大環境部於 2008 年進行「氣候變遷調適行動」；3. 澳洲建構「國家型調適行動架構」，並成立「氣候變遷調適中心」，以五年為期投入氣候變遷調適行動。本章將介紹美國、英國、日本、德國及澳洲等國家，針對因應氣候變遷所提出之調適策略與計畫，說明如後。

（一）美國

1. 法規及計畫發展沿革與現況

2009 年，Obama 總統簽署了行政命令（Executive Order, EO）13514，要求聯邦機構制定和實施「戰略永續性計畫」（Strategic Sustainability Performance Plans），制訂各部會氣候變遷風險和脆弱性的評估及調適計畫草案。2011 年，發布白宮環境質量委員會「聯邦部會調適規劃實施細則」，同年，美國環保署發布了「關於氣候變遷調適的政策聲明」，2013 年 2 月，USEPA 向公眾發布了「氣候變遷調適計畫」草案，以供審查和評論。2013 年 6 月，總統執行辦公室發布了「總統的氣候行動計畫」（President Obama's Climate Action Plan），2013 年 11 月，提出 EO 13653 行動命令─「為美國因應氣候變遷的影響做準備」（USEPA, 2013）。

2014 年，美國環保署整合各辦公室計畫提出正式氣候變遷調適行動計畫，其中總署辦公室包括：署長辦公室、空氣與輻射辦公室、化學安全與污染防治辦公室、首席財務官辦公室、執法與規範保證辦公室、總法律顧問辦公室、國際和社區事務辦公室、土地和緊急管理辦公室、特派團支助辦公室、研究與發展辦公室、及水務辦公室。各辦公室則依其責分別提出氣候變遷脆弱度評估與調適計畫，供環保署總部提出國家氣候變遷調適計畫，以做為全國 10 個區處提出美國各州的調適計畫。

2. 美國氣候調適計畫

　　USEPA 於 2014 年發表了正式的氣候變遷調適計畫，主要內容包含對氣候變遷組織、目標及影響評估。其中最重要的「脆弱性評估計畫」是實時文件，將根據需求進行更新，說明有關氣候變遷對 USEPA 任務影響的新知識、新數據和科學證據，重點說明如下（USEPA, 2014）：

(1) 採取行動應對氣候變遷並改善空氣品質

　　氣候變遷可能以多種方式影響空氣質量。例如，較高的氣溫、更頻繁的野外火災、嚴重的降水事件以及大氣傳輸方式的變化可能導致對流層臭氧水平升高、顆粒物總量變化、室內空氣質量惡化，平流層臭氧層變化以及生態系統中硫、氮和汞的累積變化。

(2) 保護美國水域

　　更加頻繁的颶風、海平面上升、水溫升高、海洋酸化以及降水模式的改變都可能對水質保護、管理基礎設施的運行、飲用水供應的質量、流域、濕地、海洋和水生生態系統的回復及保育造成不良的影響。

(3) 廢棄物清理和促進可持續發展

　　海平面上升帶來的洪水、更猛烈和頻繁的暴風雨以及永久凍土融化，可能會破壞廢棄物管理網絡，也可能導致管轄範圍內污染場址的洩漏。溫度和降水的變化可能會影響清理的功能和效率。極端天氣事件的頻率和強度增加，可能會影響 USEPA 管理廢棄物和應對緊急情況的能力。

(4) 確保化學品安全並防止污染

　　因爲受到氣候變遷的影響，導致使用方式和環境條件的改變，可能影響各種化學物質的暴露度。例如，USEPA 針對農藥註冊的決定可能會受到氣候變遷對於害蟲壓力、農藥使用方式和地點的影響。

(5) 強化環境法律的執行

　　更加頻繁的極端天氣事件可能會使 USEPA 的工作人員和資源由法規的執行轉移到災難應對和緊急補救。

（二）英國

1. 法規及計畫發展沿革與現況

英國的氣候調適主管單位英國環境、食品和鄉村事務部（Department for Environment, Food and Rural Affairs, Defra），2008 年通過氣候變遷法案（Climate Change Act, CCA）。政府除關注溫室氣體減量外，亦重視氣候變遷調適政策，規定每五年提出討報告，推動滾動式修正調適方法增強對氣候變化的抵禦能力。2013 年提出第一次國家調適計畫（National Adaptation Programme, NAP）包含 370 項行動以解決第一次氣候變遷風險評估（Climate Change Risk Assessment, CCRA）中確定之約 100 種風險。2018 年提出第二個國家調適計畫（NAP）闡述了政府對第二次氣候變遷風險評估（CCRA）的政策，概述目前政府正在實施或將採用應對氣候變遷風險的行動計畫。

2008 年氣候變遷法案迫使政府除了溫室氣體減量以外，針對氣候變遷提出調適政策。環境、食品及鄉村部主要負責大部分的調適政策，設法處理在各領域增加的風險，包括洪澇、乾旱、高溫、海平面上升及極端天氣。減量策略則為商業、能源及產業策略部（Department for Business, Energy and Industrial Strategy, BEIS）負責。此部門在 2017 年時提出清潔成長策略，旨在減少英國的碳排，準備第二份 CCRA 和 NAP 報告時，政府遵循由氣候調適法律顧問組成的調適小組委員會（Adaptation Sub-Committee, ASC）的建議。

2. 英國國家調適計畫（National Adaptation Programme, 2018）

最新的國家適應計畫（NAP）說明了政府及相關單位在接下來的 5 年將有何作為去應變氣候變遷。主要的作為包括提升應對氣候變遷適應力需要的認知，根據實際影響狀況適時提出修正行動，增加 CCRA 所提出主要風險領域的回復力，並列出目前氣候變遷對英國六大主要領域造成的風險：

1. 洪水及沿海改變對社會，商業及基礎建設的風險；

2. 高溫對健康及生產力的影響；

3. 水源缺乏對農業，發電廠及工業的影響，並影響淡水環境生態；

4. 天然資源，包括土壤、近海、海洋及淡水生態系統；

5. 國內及國際的食物生產及貿易；

6. 新興的有害物質及疾病、非原生的物質對人類及動植物的影響。

（三）日本

1. 法規及計畫發展沿革與現況

　　2006 年，日本內閣決議的第三次基本環境計畫規定了一些行動，例如促進調適措施有關的技術研究，以及利用研究結果在日本實施必要的調適措施。2010 年至 2014 年實施了「氣候變化調適研究計畫」（RECCA），其中涉及必要的研究和開發，以便為在區域範圍內制定氣候變化調適措施提供科學依據。2012 年內閣決定的第四個環境基本計畫，對氣候變遷影響與調適的研究，包括：「確定全球變暖危險程度及大氣溫室氣體濃度穩定目標的氣候變遷影響綜合評估」、「氣候變遷影響評估與調適綜合研究」等。2015 年制定「調適氣候變化影響的國家計畫」，由於氣候變化影響因地區而異，因此，地方政府在制訂和實施調適措施方面發揮著重要作用（National Plan for Adaptation to the Impacts of Climate, 2015）。2018 年，頒布「氣候變遷調適法」，並根據法條第 7 條第 1 款制定「氣候變遷調適計畫」，同年經內閣決議通過（The Basic Environmental Plan, 2018）。於 2020 年提出氣候變遷影響評估，2021 年進行檢視。

　　日本將氣候變遷的關係者具體劃分為五大團體：政府、地方公民團體、相關企業單位、全體國民及國立環境研究所（如圖 7-5 所示）；定期評估氣候變遷影響和氣候變遷調適計畫的進度管理，且以 PDCA 的

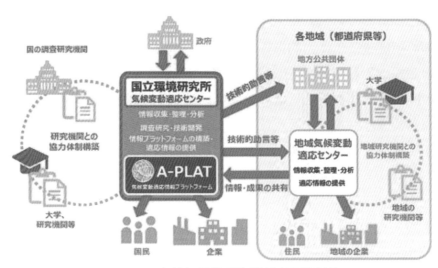

圖 7-5　日本將氣候變遷的關係者具體劃分

方式確保滾動式的修正。氣候變遷推動由日本文部科學省、厚生勞動省、國土交通省、氣象局、環境省、農林水產省共同合作，就氣候變遷、未來氣象模式情景、氣候對各領域如農林水產業、防災、生態系統及人體健康等進行研究發展活動。國家氣候調適計畫由各省共同編成並通行監督。

2. 日本氣候變遷調適計畫

　　日本氣候變遷調適領域別政策可歸納為七大領域：(1) 農業、林業和水產業;(2) 水環境、水資源;(3) 自然生態系;(4) 自然災害;(5) 健康;(6) 產業、經濟活動;(7) 國民生活。調適計畫內容如下：

a. 調適所有相關措施均納入氣候變遷的概念;

b. 以科學知識為基礎執行氣候變遷調適;

c. 彙整研究機構的智慧、健全基礎資訊;

d. 推動地區性的氣候變遷調適計畫;

e. 推廣氣候變遷教育使人民瞭解氣候變遷調適的影響，使氣候變遷調適

更易推動；

f. 提供技術輔導提升發展中國家的調適能力；

g. 確保相關行政機構密切合作的制度。

（四）德國

1. 法規及計畫發展沿革與現況

　　2008 年德國制定《德國氣候變遷調適戰略》（Deutsche Anpassungs strategie, DAS），作爲在聯邦和州級與其他社會團體共同建立推動調適計畫的框架（Adaptation Action Plan of the German Strategy for Adaptation to Climate Change, 2011）。2011 年 DAS 的《調適行動計畫》（Aktionsplan Anpassung, APA）詳細闡述 DAS 中確定的目標、行動，及未來執行的具體活動。2016 年《德國氣候變遷行動計畫 2050》，此行動計畫可視爲德國對巴黎協定的回應，也彰顯德國爲達到 2050 年減碳目標而對其經濟採積極減碳措施之決心。2019 年提出《氣候行動法》（Climate Action Law）和「2030 年氣候行動計畫」（Climate Action Programme 2030），匡列出氣候包裹計畫的詳細內容，以實現 2030 年國家和歐盟的氣候變遷目標。

　　聯邦教育及研究部設立研究發展相關的行動計畫；環境部、食品、農業及消費者保護部、健康部於環境及健康相關行動上執行共同計畫；德國天氣服務（German Weather Service, DWD）負責運作氣候相關的資訊系統及發布健康警示；交通、建築及都市事務部負責管理基礎建設及其調適功能。

2. 德國氣候變遷調適戰略

　　DAS 和 APA 的目標是減輕自然、社會和經濟系統的脆弱度，提高這些系統對氣候變遷影響的調適能力。在 APA 中強調了調適能力，即「加強行爲者在所有相關層面的行動能力及其自給自足的能力」，DAS

在 APA 中提出了 6 項推動策略。

(1) 開放與合作：處理氣候變遷問題涉及到社會上的每一個行為者，包括政府和行政機構、私人組織和個人。因此，應保持對話和參與的開放性，以便各機構之間開展有效的合作。

(2) 基於知識的方法、預防導向和永續性：改進和更新科學知識庫是 APA 的一個重要領域。儘管氣候框架條件不斷變化，但實施預防原則是為了在早期階段就明確風險，以應對未來的挑戰。

(3) 輔助性、自給自足、調適能力和相稱性：這裡的輔助性指的是由於全國各地不同的空間效應和不同的調適能力造成的地區差異。自給自足是指公民和企業的最終責任。同時，資源的配置應與受影響者的風險和機會成正比。

(4) 在計畫和決策中綜合考慮氣候變遷的影響（主流化）：方針應貫穿不同部門，並在橫向和縱向上一體化，因為氣候衝擊不僅影響到部分特定部門，而且影響到經濟、環境和社會的所有領域。此外，可能的氣候變遷衝擊和調適需求應納入規劃和決策進程，這就是所謂的主流化。

(5) 面對不確定性採取行動：儘管資料不確定，但在未來氣候衝擊的風險不斷變化的情況下，需要採取行動，將不利影響減少到盡可能低的水平。政府宜加強科技環境教育，擴大基礎知識，發展以知識為基礎的方法論，以及採取務實的取向，得出通常被稱為「無悔措施」的措施，即使未來不發生氣候變遷，也是有益的。

(6) 國際責任：作為一個擁有一些最先進技術和系統的發達國家，德國關注的是它有責任做出重大貢獻，特別是在發展中國家。

（五）澳洲

1. 法規及計畫發展沿革與現況

　　2007 年澳大利亞政府理事會商定了《國家氣候變遷調適框架》，為氣候調適政策和策略奠定基礎。該框架確定了氣候行動的優先事項和調適研究的科學證據基礎，以及廣泛的抗災能力建設舉措。2015 年澳大利亞發布了《國家氣候韌性及調適戰略》（National Climate Resilience and Adaptation Strategy），充實了調適框架，強調國家和國際上的公共和私人和組織的調適行動，特別是在亞洲和太平洋地區。承認氣候變遷對澳大利亞的經濟、社會和環境帶來的巨大風險，並提出了通過扎實的行動在不同部門建立抗災能力的願景（National Climate Resilience and Adaptation Strategy, 2015）。

　　澳大利亞政府理事會（The Council of Australian Governments, COAG）代表聯邦政府及州政府，就國家調適戰略取得共識及通過《國家氣候變遷調適框架》。澳大利亞聯邦環境部（The Department of Environment，現改組為農業水環境部（Department of Agriculture, Water and Environment）、氣象局及聯邦科學與工業研究組織負責氣候變遷的研究發展活動及計畫。國內氣候政策和減排責任轉移到新的工業、科學、能源和資源部。

2. 澳洲國家氣候韌性及調適策略

　　澳大利亞政府在考慮潛在氣候變遷影響的經濟、社會和環境規模，依據風險管理評估後，共同確定的優先政策領域或部門中的國家行動，該策略強調了有效的恢復力和調適力的 6 項原則。

(1) 分擔責任：各級政府、企業、社區和個人在管理氣候風險方面的合作。

(2) 在決策中考慮氣候風險：在政府和企業的短期、中期和長期決策過程中實現氣候恢復能力，特別是具有長期影響的決策，如城市規劃

或建設長期基礎設施等決策。

(3) 基於證據的風險管理辦法：考慮到氣候變遷的不可逆轉影響，即使缺乏完美的資訊，也需要採取調適行動，並需要繼續投資於調適科學、技術和資訊。

(4) 幫助弱勢群體：通過政策設計和社會福利制度，優先考慮弱勢群體或應對能力有限的人。

(5) 基於價值觀的協作性選擇：承認在所有環境中沒有單一的完美方法來減少風險，並尊重受影響者的知識和經驗。

(6) 隨著時間的推移重新審視決定和結果：定期繼續管理調適措施，並在動態系統中隨時準備好變化，以確保選擇仍然適當，並抓住新出現的機會。

　　綜合上述，國家因應氣候變遷實施之調適策略，其基本原則分為：政策法規、資訊建置、研究發展、環境教育、國際合作等 5 項，其內容分述如下。

(1) 政策法規
　　• 將調適要求整合到標準和技術規則體系中
　　• 將氣候風險納入決策
　　• 將調適工作納入政府政策和法律規定的主流

(2) 資訊建置
　　• 擴大氣候變遷知識和證據基礎
　　• 基於實證的風險管理方法
　　• 重新審視決策和結果

(3) 研究發展
　　• 加強現有最佳科學
　　• 開發概念、實施模型項目
　　• 應用基於生態系統的方法
　　• 有效的績效監控和評估

(4) 環境教育
- 優先考慮弱勢群體
- 提高警覺並促進調適行動
- 促進每個執行者的理解與合作
- 促進區域氣候變遷調適認知

(5) 國際合作
- 促進國際合作貢獻
- 建立合作夥伴關係並做出基於價值的選擇
- 提供交流和共享信息
- 共同責任

四、政策目標與規劃理念

行政院於今年提出因應氣候變遷管理法，此舉突顯我國積極參與貢獻全球氣候變遷與溫室效益減緩與調適之行動。此外，根據「國家氣候變遷調適行動計畫」，為有效因應面對氣候風險，除以工程方法增加硬體設施強度外，應研擬完善之調適策略。從維生基礎設施角度而言，建構都會區維生基礎設施在氣候變遷下之調適政策的主要核心思維，即是提升都會區水利、能源供給、交通及通訊系統等於災害預測與抵抗衝擊之能力。

（一）政策目標

由於溫室氣體減量難以於短期內達成，屆時隨著氣候變遷不斷影響，使得強風與雨量負荷頻率增加，易造成維生基礎設施承載與復原力遭遇風險與不確定。因此，落實溫室氣體減量之同時，氣候變遷調適亦須並肩而行，以維持其營運之安全性與永續性。維生基礎設施面臨之潛在問題，包含：1. 極端氣候造成維生基礎設施的功能受損，以致提高運作風險；2. 暴雨逕流與暴雨引發土砂崩塌災害，造成維生基礎設施結

構的衝擊破壞；3. 海平面上升，沿岸地區維生基礎設施受損風險提高；4. 暴雨與乾旱造成水資源短缺，資源可利用變異性加大；及 5. 缺乏整合中央與地區之資訊平臺，難以共享各地區資料庫與計畫經驗。

維生基礎設施領域涉及範圍廣泛，然現階段地方計畫執行內容多為預測災害風險、強化抗災能力與災後復原機制建立。政府應通盤檢討現階段維生基礎設施領域中已完成之區域調適計畫；研提未來滾動調整、改善或新增計畫之具體措施、內容及建議。進而達成「提升維生基礎設施在氣候變遷下之調適能力，以維持其應有之運作功能並減少對社會之衝擊」。

2014 年 5 月國發會將各行動方案整合成為「102-106 年之國家氣候變遷調適行動計畫」。依照氣候變遷調適 8 大領域，由科技部、交通部、經濟部、內政部、農委會、衛福部分別成立了 8 個調適工作小組，研訂 399 項各調適領域行動計畫，並進一步篩選出 64 項優先行動計畫，作為未來執行重點。

台灣政府為推動長期邁向「綠色經濟」轉型，國發會自 2014 年起即積極規劃「綠色經濟政策綱領」。完善與平衡發展國家資本，包括：人力資本、社會資本、人造資本、自然資本與制度資本，以落實推動綠色經濟發展。透過上位與跨部會協調與管理，降低部會發展的衝突性，達到維護國家資本目標。

（二）規劃理念

1. 檢討修訂既有相關法令規範，擬定維生基礎設施開發與復建原則：檢視修訂維生基礎設施設計，檢討易淹水地區建築選址與設計規範；提升坡地水土保持能力，減少土石流失；巡勘土砂災害警戒值，劃設災害危險區域與推動自然復育措施；檢測河道斷面、河床地質與地形，檢討下方管線埋設安全性。

2. 協調整合各管理機關與產學研資源，研發基礎設施之氣候變遷調適新

技術；建立地方政府之間風險管理及資訊共享的溝通管道；強化與維生設施利益關係人的橫向聯繫；積極研發新技術，投資人力與經費於國內外相關技術之交流與移轉。

3. 建置維生基礎設施營運管理資料庫，強化設施維修養護與監測作業：更新既有維生設施之抗災功能與防災行動、損壞備援及災後復原計畫；推動以海綿城市與綠色生態設施理念強化原有水利設施排洪能力；持續監測維生基礎設施於不同氣候條件之抗災能力，建立網絡型邊坡維生基礎設施監測系統。

4. 建立設施安全性風險評估機制，進行生命損失衝擊分析模擬：建置公路、鐵路、橋樑等交通設施災害防治及風險管理系統；沿海能源發電系統風險評估、預警系統；沿海維生基礎設施災害防治及風險管理系統；維生港口設施的整體調適規劃；沿海能源發電系統排水設施能力評估與強化。

5. 強化維生基礎設施營運水平，提升維護管理人力素質及技術：加強水源區保護、集水區管理與強化監督供水設施維護管理體系；提升供水設施維護管理，減少供水異常；研析水與源鏈結議題，並強化能源與通信設備。

（二）調適（維生）基礎設施範疇

調適（維生）基礎設施範疇包含四大項：能源供給系統、供水及水利系統、交通系統、通訊系統，其內容分述如下：

1. 能源供給系統：供電（核能、火力、風力、水力電廠、汽電共生廠、輸配電系統）、供油（煉製廠、輸配管線、貯存槽）、及供氣（接收站、輸配管線、貯存槽）。

2. 供水及水利系統：水利（河堤、海堤、抽水站／水門）；供水水庫、攔河堰、淨水廠、自來水管網、工業用水專管、簡易自來水、灌排）。

3. 交通系統：港口、鐵路、公路、橋樑、機場。
4. 通訊系統：基地台（傳輸網路、設備、電力）。

五、策略措施

　　「巴黎協定」由196個締約方採「共識決」方式，各國均需提出「國家自主貢獻」（Intended Nationally Determined Contributions, INDC），以在本世紀下半葉平衡溫室氣體人為排放源與碳匯清除。按照不同國情有區別責任和各自能力之原則進行，已開發國家應負起溫室氣體減量主要責任，並提供開發中國家關於技術及財務面上支持，以達到環境公平正義。多年來，我國主動遵守聯合國建立之公約與協定，致力於溫室氣體減緩與氣候變遷調適工作。

（一）實施策略

1. 以自然及人文為本的調適策略進行政策環境影響評估，以調和調適與減碳、環保等利益衝突；加強調適人才培育，提升全民氣候變遷認知；強化調適基礎設施作為之「實質」民眾參與溝通；透過生態方法減量，重視自然碳匯系統之潛力，訂定增匯目標；落實公正轉型，尤其是原住民族與在地社區；引導企業投資自然，強化生態與環境價值，邁向永續目標。

2. 強化維生基礎設施調適能力研議運輸系統氣候變遷調適上位策略；大橋耐洪與耐震能力提升改善工程；強化隧道洞口邊坡之防護工作；通訊設施於氣候變遷下減少災害衝擊之因應措施；電力及油氣供輸設施氣候變遷調適策略輔導。

3. 辦理維生基礎設施風險評估韌性防災與氣候變遷水環境風險評估研究；高鐵河川橋沖刷風險評估及防護設計；加強能源系統防風、防洪之韌性，加強風險評估作業；利用全球極端氣候衝擊數據，建置風險評估指引，以利於基礎設施評估檢驗。

4. 強化維生基礎設施系統應變能力與回復能力加強公共工程防汛整備工作；各國際及國內商港港灣構造物維護管理計畫；鐵路行車安全改善、邊坡全生命週期維護管理；強化能源系統韌性與擴展備用電源普及率。

5. 完備科學研究、資訊與知識：運用相關科技之評估工具，鑑別影響國家發展之優先方向及部門，加強對既有技術之審查，避免不必要之科技投資及浪費。不只考量到工程上的科技，還須包含生態、社會、法律等相關科技。運用人工智慧技術，針對極端氣候事件，研擬韌性提升策略，精進防災應變成效。建揚智慧災害管理平台，進行氣候變遷風險評估，預警通報效能強化，精進防災應變成效（交通部，2021）。

（二）具體措施

1. 供水及水利系統

(1) 強化氣候變遷下的供需調適能力：建立跨區供水調度並提升農業智慧灌溉節水計畫；加強流域經營管理與集水區水土保持工作；推動西部廊道供水管網串接計畫；增進都會區雨水貯留提供分散式蓄洪及供水功能；推廣水資源利用，擴大水庫清淤、增設蓄水設施、開發伏流水及備援水井。

(2) 建構供水及水利系統風險評估制度提升系統韌性：極端氣候事件對水庫安全風險與改善對策；極端氣候事件下供水及流域水系風險評估；辦理流域整體改善與調適計畫增加流域承洪韌性及災害復原能力；推動河川、區域排水及水環境改善計畫以加速提升高淹水風險地區韌性。

(3) 推動供水及水利系統應變與復原能力：推廣氣候變遷下都市內水與洪患減災工程；發展淹水預警、災害決策支援、旱災應變技術；建

立合理利用與管理地下水資源制度；開發不受降雨影響再生水及海淡水科技造水；加強水利工程減碳措施。

(4) 建構永續安全供水系統：建置健康水庫加強水源保護與集水區管理；設置多重屏障措施，建置綠色水廠，以確保淨水水質安全；建構水質監測網路，發展智慧管網與監測預警系統；建立應變和風險評估機制及緊急應變體系；為基礎設施建立保護性結構，提高恢復力和防災功能（經濟部，2022）。

2. 通訊系統

(1) 強化行動通訊於氣候變遷下預警調適：定點式防救災行動通訊平臺建置；優化既設行動通訊平台建置；民眾災防告警系統與服務建置；提升通訊於氣候變遷下環境監測技術。

(2) 提升通訊於氣候變遷下環境監測技術：精進致災性天氣與環境監測，提升即時災害風險掌握；提升氣候變遷監測及短期氣候預測能力；強化平台主體工程，提升基地台環境監控系統，即時掌控基地台狀況。

(3) 開發防救災智慧通訊技術：發展即時淹水預警報之通訊系統；辦理抽水機智慧調度之通訊監控設備；結合物業管理及高端資通訊技術，建立社區暴雨管理制度；整合水、空、地災民生公共物聯網之通訊系統；強化自建再生能源比例，配置微電網系統，確保通訊不中斷。

(4) 推動智慧通訊系統與科技：推動人工智慧等新興資通訊技術，加強數據分析及決策能力；推動通訊系統環境監測資訊整合，提供資訊安全實況及分析加值應用服務；推動系統整合、資訊處理、通路經銷及物業管理等高端資通訊技術發展；強化傳輸鏈路，依實際地理環境、建置光纖、微波或衛星等傳輸終端設備（國家通訊傳播委員會，2022）。

3. 交通系統

(1) 提升衝擊耐受力：將氣候變遷與調適概念納入考量，尤其在規劃與建設階段交通建設及個案計畫，並逐漸改善交通設施的調適能力。迴避高災害潛勢地區並考量周邊環境關係。檢討與修訂設計及養護相關規範，並進行工程風險管理分析。透過生態工法進行調適，維護環境永續，透過增加透水鋪面，改善景觀與執行生態復育，達到降溫的效果。

(2) 精進災防預警應變力：檢討並調整巡檢作業要點，強化營運安全監測系統。善用智慧物聯網（AIoT）技術，結合光達測量、UAV 航拍監測、水壓計結合雨量監測等技術、落石告警系統等。提升觀測網覆蓋率，強化降雨監測效能，結合跨域資訊（含降雨觀測、預報與警報）。強化雷達資料中心，立足台灣接軌國際；精進雷達資料之整合應用，穩定雷達資料服務環境。

(3) 增進整體調適力：蒐集國外調適趨勢與新科技，滾動檢討運輸部門之調適策略，強化維修管理能力。建置近岸區域海象預報整合資訊系統，發展海運區域波候、海洋熱含量異常、海平面變化等資料應用技術。建構台灣海象災防環境資訊平台，提供漁業海溫預警、溢油、海難漂流預報、海岸潮線、颱風海象等應用服務。「強化氣象便民服務與資訊建設」、「推升氣象專業與跨域合作服務」、及「拓展氣象安全預警服務」。辦理資訊應用與調適專業教育訓練，提升觀測網覆蓋率，強化降雨監測效能。

(4) 提高工程回復力：辨認風險熱點並研提調適行動計畫，強化系統定時監測與立即改善機制，提升人力素質及強化教育宣導。在適當地點儲存修復材料（防汛塊、移動式抽水機），以利災後修復時快速調動。建立極端氣候小組座談會（Severe Weather Group Forum），以利運輸部門的利害關係人相互合作與溝通。考量各地區居民與產業調適策略差異性，評估交通設施所面臨的脆弱度與暴露度。

4. 能源供給系統

(1) 強化調適能源管理機制：強化能源產業風險評估能力及建立調適準則制定風險評估準則；強化科學基礎，建構全面預警能力提升。因應氣候變遷之調適作為及建構回復力發展；建立中央及地方政府夥伴關係、公私部門協力關係及溝通平台，具體推動在地化之調適；推動國際合作，建立能源供需監測體系；將氣候變遷調適及減緩測率納入新建重大能源設施環境影響評估考量。

(2) 建立多元自主低碳永續能源供應系統：建構多元化、自主化之能源組合，強化各項應變機制；確保能源進口管道之穩定性，分散能源進口採購與方式；擴大天然氣使用，布建天然氣接收設施與輸儲設備，建立安存量機制；提高發電廠效率，規範新電廠採商業化最佳可行技術；擴大再生能源設置，建構綠能友善發展環境。

(3) 建構安全穩定的企業與住商能源／電力供應系統：優化製程智能化管理系統；設置再生能源發電、儲能設備，更新節能系統；擴充再生能源電網及發電系統；增設氫能／燃料電池發電設施；改善系統不斷電及緊急發電系統；新建住商大樓提供經濟誘因外加容積率獎勵以誘導大樓建立智慧型微電網（太陽能加儲能）。

(4) 加強產業調適技術輔導及人才培育：輔導產業建立調適工具，包括：氣候變遷調適平台、風險評估準則與圖資等。各態樣示範輔導案例為基礎，平行展開進行風險評估輔導。調適人才培育廣宣，進行多階段培訓課程，並發行調適雙週報。提升全民氣候變遷認知及技能，並積極協助產業及民間團體推展相關活動及事項。推動教育訓練宣導及國際合作。

六、挑戰與展望

　　氣候調適需要以科學為基礎包含跨領域的合作研究，可透過專業科學研究單位（國家災害防救科技中心）共同合作，建立背景資料與數據

清單，分析關鍵議題，建立調適設施之管理目標與行動方案；制定法律規範將調適部分納入因應氣候變遷管理法，執行績效分享與成果擴散及追蹤控管進度與執行方案的調整，建置完善評量考核機制，並且透過與經濟專家合作，訂立經濟效益分析的模式。加強推廣環境教育及氣候變遷的宣導，凝聚社會共識並且強調因應措施的急迫性，建立氣候變遷的合作夥伴，設計夥伴參與機制，促進中央、地方、與民間團體的協商合作，並在共同領域中相互合作。

　　根據永續發展國國際發展趨勢，需運用基礎理論與專業技術來探索克服氣候變遷調適議題，在政策法規、資訊建置、研究發展、人才培育及國際合作面，宜優先考量之方向如下：

1. 推動國家綠色新政發展，建立具體調適計畫：建立完善明確之政策與目標，包括：治理方式、法律規範、市場機制、生活型態、交通運輸、房屋建築、綠色設施等。

2. 推動相關領域立法研究，完善調適法規修訂：盡速擬定調適各項配套措施，包括：相關法規制定、綠色金融、獎勵制度、研究發展、氣候教育、全民宣導、人才培育及建構氣候變遷調適優質基礎建設等。

3. 投入調適研究發展，研訂相關標準與示範計畫：以國家發展戰略高度，制定大學生防災減災教育培訓團體標準、制定虛擬現實應急演練教育培訓團體標準、建立防災減災和永續發展教育培訓團體標準示範基地。

4. 建立國家調適新型智庫，整合專業技術能量：加強地方政府合作、建立國際合作平台，提供重大戰略構想與國際科學計畫、建置完善政策諮詢報告機制、規劃完善調適政策法規方案。

5. 整合國際專業知識能量，深耕調適技能人才培養：積極爭取產業及相關團體參與氣候變遷調適會議，瞭解全球最新調適相關發展方向；加強跨領域學科整合，探索具有前瞻性、應用性之學科發展。

參考文獻

1. 日本環境省。気候変動適応計画について，http://www.env.go.jp/earth/tekiou.html。

2. 交通部（2021）。《109 年度維生基礎設施領域調適成果報告》。

3. 行政院環保署同舟共濟臺灣氣候變遷調適平台。https://adapt.epa.gov.tw/。

4. 行政院環保署氣候變遷生活網。https://ccis.epa.gov.tw/act/nationalplan。

5. 行政院環境保護署（2019）。《國家氣候變遷調適行動方案（107-111年）》。

6. 《國科會氣候變遷調適科技整合研究計畫電子報》，第一期。

7. 經濟部（2022）。《因應氣候衝擊風險水利署擘劃調適減緩策略方針》。

8. 國家通訊傳播委員會（2022）。《災防告警系統》。

9. 國家災害防救科技中心（2017）。《臺灣氣候的過去與未來：臺灣氣候變遷科學報告 2017—物理現象與機制》。

10. 行政院環保署氣候變遷生活網。https://ccis.epa.gov.tw/act/nationalplan。

11. 財團法人台灣綜合研究院（2016）。《能源部門因應氣候變遷調適策略研析計畫雙週報》，第 11 期。

12. Commonwealth of Australia. National Climate Resilience and Adaptation Strategy. Commonwealth of Australia, 2015.

13. Department of Environment, Food and Rural Affairs [DEFRA] (2018). The National Adaptation Programme and the Third Strategy for Climate Adaptation Reporting." HM Government Department of Environment, Food and Rural Affairs. https://assets.publishing.service.gov.uk/government/uploads/system/uploads/attachment_data/file/727252/national-adaptation-programme-2018.pdf. The Basic Environmental Plan, Japan Cabinet Decision, 2018. [Accessed on January 14 2022].

14. Die Bundesregierung. (2005). Fortschrittsbericht zur Deutschen

Anpassungsstrategie an den Klimawandel. Die Bundesregeriung: Berlin, Germany.

15. Die Bundesregeriung. (2017). Recommendations for Action, Heat Action Plans to protect Human Health. Die Bundesregeriung: Berlin, Germany.

16. Executive Office of the President. (2013). The President's Climate Action Plan. The White House, Washington, D.C.

17. Federal Ministry of Agriculture, Regions and Tourism. (2012). The Austrian strategy for adaptation to climate change. Federal Ministry of Agriculture, Forestry, Environment and Water Management, Vienna.

18. Fourth National Climate Assessment, U.S. Global Change Research Program, 2018. Retrieved from: https://nca2018.globalchange.gov. [Accessed on January 14 2022].

19. German Federal Cabinet. Adaptation Action Plan of the German Strategy for Adaptation to Climate Change. German Federal Cabinet, 2011. Retrieved from: https://www.bmu.de/fileadmin/bmuimport/files/pdfs/allgemein/application/pdf/aktionsplan_anpassung_klimawandel_en_bf.pdf [Accessed on January 12 2022].

20. German Federal Government [GFG]. (2008). German Strategy for Adaptation to Climate Change. Retrieved from: https://www.preventionweb.net/files/27772_dasgesamtenbf1-63.pdf [Accessed on January 30, 2021].

21. Japan Cabinet Decision. (2015). National Plan for Adaptation to the Impacts of Climate, Japan Cabinet Decision.

22. Halofsky, Jessica E., Peterson, David L., & Marcinkowski, Kailey W. (2015). Climate Change Adaptation in United States Federal Natural Resource Science and Management Agencies: A Synthesis.

23. Tung, Ching-Pin, Tsao, Jung-Hsuan, Tien, Yu-Chuan, Lin, Chung-Yi, & Jhong, Bing-Chen. (2019). Development of a Novel Climate Adaptation Algorithm for Climate Risk Assessment, Water, 11(3): 497; https://doi.

org/10.3390/w11030497.

24. U.S. Environmental Protection Agency. EPA New England Regional Climate Adaptation Plan. U.S. Environmental Protection Agency, 2014. Retrieved from: https://archive.epa.gov/epa/production/files/2016-08/documents/region1-climate-change-adaptation-plan.pdf [Accessed on January 12 2022].

25. USEPA. U.S. (2013). Environmental Protection Agency Climate Change Adaptation Plan, USEPA.

26. USEPA. U.S. (2014). Environmental Protection Agency Climate Change Adaptation Plan, USEPA.

國家圖書館出版品預行編目資料

跨世代的政策解方：房價、薪資、稅制、人口、氣候／黃耀輝，彭建文，張家春，楊文山，陳端容，顧洋，蔣本基著.--初版.--臺北市：五南圖書出版股份有限公司，2022.12
面；　公分

ISBN 978-626-343-665-7(平裝)

1.CST: 公共政策　2.CST: 公共行政

572.9　　　　　　　　111021334

1PTV

跨世代的政策解方
——房價、薪資、稅制、人口、氣候

主　　編 ― 黃榮源、彭錦鵬、李俊達

作　　者 ― 黃耀輝、彭建文、張家春、楊文山、陳端容
　　　　　　顧洋、蔣本基

發 行 人 ― 楊榮川

總 經 理 ― 楊士清

總 編 輯 ― 楊秀麗

副總編輯 ― 劉靜芬

封面設計 ― 王麗娟

出 版 者 ― 五南圖書出版股份有限公司

地　　址：106台北市大安區和平東路二段339號4樓

電　　話：(02)2705-5066　　傳　　真：(02)2706-6100

網　　址：https://www.wunan.com.tw

電子郵件：wunan@wunan.com.tw

劃撥帳號：01068953

戶　　名：五南圖書出版股份有限公司

法律顧問　林勝安律師

出版日期　2022年12月初版一刷

定　　價　新臺幣380元

經典永恆·名著常在

五十週年的獻禮——經典名著文庫

五南，五十年了，半個世紀，人生旅程的一大半，走過來了。

思索著，邁向百年的未來歷程，能為知識界、文化學術界作些什麼？

在速食文化的生態下，有什麼值得讓人雋永品味的？

歷代經典·當今名著，經過時間的洗禮，千錘百鍊，流傳至今，光芒耀人；

不僅使我們能領悟前人的智慧，同時也增深加廣我們思考的深度與視野。

我們決心投入巨資，有計畫的系統梳選，成立「經典名著文庫」，

希望收入古今中外思想性的、充滿睿智與獨見的經典、名著。

這是一項理想性的、永續性的巨大出版工程。

不在意讀者的眾寡，只考慮它的學術價值，力求完整展現先哲思想的軌跡；

為知識界開啟一片智慧之窗，營造一座百花綻放的世界文明公園，

任君遨遊、取菁吸蜜、嘉惠學子！